Christian BOUCHER

La Flore des montagnes méditerranéennes

Complétée de 10 itinéraires botaniques

ÉDISUD

Sarl Édisud, La Calade, RN 7, 3 120 Route d'Avignon
13090 Aix-en-Provence – France
Tél. 04 42 21 61 44 / Fax 04 42 21 56 20
www.edisud.com – e.mail : commercial@edisud.com

ISBN 2-7449-0146-6

AVANT-PROPOS

De nombreuses plantes vivaces de grande valeur horticole sont originaires des montagnes mésogéennes, et ce simple fait d'observation pose trois questions : pourquoi en est-il ainsi ? Comment vivent ces plantes dans leurs montagnes d'origine ? Ces plantes sauvages, qui constituent un important réservoir génétique, ne risquent-elles pas de disparaître à tout jamais du fait de la pression humaine ?
Plusieurs centaines d'espèces végétales originaires des montagnes méditerranéennes sont utilisées soit comme bulbeuses (*Colchicum, Fritillaria*), comme vivaces de bordure (*Nepeta, Salvia*), comme buissons bas de remplissage (*Astragalus*), comme espèces de jardins alpins (*Campanula, Saxifraga*, *Rosularia*), enfin, comme arbustes bas (*Berberis, Juniperus*, *Cotoneaster*). La floraison s'étale de février (Narcisses) à septembre (*Delphinium*), avec un maximum en juin-juillet.
La première question pose le problème de la définition du climat méditerranéen d'altitude : les plantes qui le supportent doivent à la fois résister à la rigueur hivernale, ce qui leur confère une grande rusticité, et posséder une bonne résistance à la dessiccation estivale ce qui permet, en pleine terre, de ne pas arroser en été. La définition du climat sera traitée au chapitre II.
La réponse à la deuxième question sera traitée au chapitre IV, qui présentera les principaux écosystèmes des montagnes mésogéennes. Enfin, la troisième question sera évoquée dans les différents chapitres, notamment le chapitre III, où l'on parlera de diversité floristique, ainsi qu'en dernière partie, où l'on traitera du rôle de l'homme.
Le bassin méditerranéen n'est pas la seule région du globe où se développent des montagnes sous un climat méditerranéen de piedmont (**11**), et ces régions jouxtent toujours une zone à climat semi-aride ou aride. Certains auteurs considèrent qu'une partie des montagnes d'Iran, voire du Pakistan, jouissent d'un climat méditerranéen (**47**). Dans le Nouveau Monde, nous connaissons personnellement la Sierra Nevada californienne dans sa partie méridionale, qui dépasse 4 000 m. Or, en altitude, on n'observe pas, ou peu, de peuplements de conifères semblables à ceux du bassin méditerranéen (à Cèdres ou à Pins). Peut-être certains peuplements de genévriers (*Juniperus californicus*) sont-ils homologues aux peuplements à *Tetraclinis* du Maroc. N'existent pas, non plus, en Californie, de peuplements à chaméphytes en coussinets, ni de pelouses à Graminées vivaces. En altitude, la flore et la végétation rappellent plus celles des montagnes des Alpes du Sud que celles de l'Atlas ou du Taurus. Toutefois, certains *Eriogonum* d'altitude évoquent les *Astragalus* ; *Jamesia*, vivace prostrée à fleurs roses de la famille des Rosacées, rappelle *Prunus prostratus* ✿ Une végétation oroméditerranéenne existe aussi dans le nord-ouest du Mexique (**60**). En revanche, la partie méditerranéenne du Chili inclut une partie de la Cordillère des Andes, avec des sommets de plus de 6 000 m. On peut observer en altitude des peuplements à grands cactus (*Trichocereus*) qui rappellent les matorrals à grands *Echium* ✿ du Teide (Canaries) (**61**). La région du Cap, au sud de l'Afrique, possède une extraordinaire flore méditerra-

néenne, et les monts du Drakensberg, vers 30° Sud, possèdent une flore "oroméditerranéenne" à *Erica dominans* (**59**). Enfin, reste l'Australie méditerranéenne, qui dans sa partie orientale pourrait porter des lambeaux de végétation oroméditerranéenne (mont Kosciusko : 2 229 m). Des vivaces à feuillage argenté, comme les *Celmisia,* rappellent les *Sideritis* ou les *Artemisia* (**58**).

Pour en revenir au bassin méditerranéen, parmi les botanistes qui ont le plus fait avancer la connaissance des plantes de montagnes, citons : E. Boissier, botaniste suisse, qui a eu le privilège, au milieu du XIXe siècle, d'explorer l'Andalousie et la Turquie ; R. Maire, J. Battandier, à qui nous devons l'exploration de l'Afrique du Nord. Parmi les auteurs ayant récolté en Andalousie, citons : R. Clemente, le français J. B. Bory. Pour l'Italie : G. Gussone, A. Bivona-Bernardi. Des botanistes comme L. Reichenbach, E. Halacsy, A. v. Hayek, A.H.R. Grisebach ont marqué la littérature des montagnes grecques. Pour l'Anatolie, citons F.A. v. Bieberstein, H.C. Haussknecht, H.G.B. Baker, E. Fenzl. Le père P. Mouterde a marqué le Liban. Pour terminer, nommons S. Berthelot et D.A. Webb qui ont contribué à la connaissance botanique des îles Canaries.

Note aux lecteurs

Dans cet ouvrage, nous allons employer l'expression "mésogéen" dans le sens "des régions riveraines du bassin méditerranéen", ce qui n'est pas le sens employé par les géologues. Nous utiliserons le terme "oroméditerranéen" pour désigner les différentes variantes des climats d'altitude des massifs dont les piémonts possèdent un climat méditerranéen ; ce terme prend un autre sens pour certains botanistes comme P. Ozenda (**55**). Enfin, les plantes illustrées dans le présent ouvrage sont repérées par le signe ✿, et les plantes illustrées dans l'ouvrage *La Flore des Alpes-de-Haute-Provence* par le signe ✻.

I - PANORAMA DES MONTAGNES DU BASSIN MÉDITERRANÉEN

Nous ne retenons comme méditerranéennes que les montagnes de plus de 1 500 m d'altitude, situées *grosso modo* entre le 42e et le 32e parallèles, et cela pour deux raisons. Pour des raisons climatiques, d'abord (voir à ce chapitre) et parce que seules les montagnes situées au sud du 40e parallèle développent une végétation à chaméphytes en coussinets (voir plus loin). Plus au nord, en montagne, les précipitations estivales sont trop fortes pour que la végétation y soit oroméditerranéenne. C'est pour ces raisons que nous ne retenons ni les montagnes de Corse, ni celles de Croatie.
Deux massifs occupent ensemble plus de 45 % de la surface, se la partageant de manière égale : il s'agit des Atlas marocains et du Taurus turc. L'ensemble des montagnes d'Andalousie couvre 6 000 km² alors que l'ensemble du sud de la Grèce n'occupe pas plus de 3 000 km². Des montagnes-îles prestigieuses comme le Teide (300 km²) ou l'Etna (500 km²) sont peu importantes en surface.
Les plus hautes altitudes sont atteintes dans le Haut-Atlas (Toubkal, 4 160 m) mais le Taurus est presque aussi haut (Bolkar, 3 580 m) ; le Teide atteint 3 718 m. Autour de 3 000 m, quatre massifs se répartissent d'ouest en est : la Sierra Nevada andalouse (3 480 m), l'Etna (3 340 m), l'Olympe de Thessalie (2 912 m) et le mont Liban (3 083 m). Les autres montagnes oroméditerranéennes ont une altitude comprise entre 2 000 et 2 600 m, comme la cordillère carpétaine d'Espagne, la Calabre, les montagnes du sud de la Grèce.
La Turquie, notamment à l'est, présente un cas intéressant de transition climatique où des montagnes typiquement méditerranéennes côtoient soit des montagnes à climat à tendance steppique continentale (nord du Taurus et haute Cappadoce), soit des montagnes à tendance océanique-pontique (entre Gumuçane et Trabzon). Ces transitions se réalisent sur de petites distances (moins de 100 km). Ce phénomène est rare dans l'ouest du bassin, peut-être dans le nord-ouest de l'Espagne, mais cette région sort du cadre de notre ouvrage.
Des montagnes sous climat à tendance continentale ou semi-aride se développent sur toute la frange sud : Anti-Atlas marocain, Beni-Snassen, Aurès (Algérie), versant sud des chaînes pontiques, est de l'Anatolie et surtout ouest de l'Iran (Elbourz).
Pour les montagnes à étés peu ou pas secs, nous retenons la cordillère carpétaine, le Gennargentu de Sardaigne, l'Apennin méridional (Majella), les montagnes du nord de la Grèce (Timfi, Pinde, Thrace), et surtout des montagnes du nord de la Turquie (le Kachkar couvre plus de 5 000 km²).
La géographie des massifs retentit sur l'écologie et la flore, cela, de trois manières :

- L'exposition nord/sud, classique, est d'autant plus importante qu'elle est associée à une opposition humide/sec. Par exemple, le revers sud du Haut-Atlas est exposé à un piedmont semi-aride, alors que c'est le versant nord du Taurus qui jouxte les plateaux semi-arides d'Anatolie.
- Le morcellement des systèmes montagneux en petits massifs est souvent (mais pas toujours) un facteur d'isolement biologique. Le fait est classique pour l'Andalousie où plusieurs petites montagnes possèdent leur espèce propre (endémiques). Par exemple, la sierra de Gador possède *Cochlearia navasii*. Également, l'Olympe de Thessalie héberge *Jankaea heldreichii*. Le fait est encore plus flagrant pour les montagnes-îles comme l'Etna ou Tenerife, ce dernier avec *Spartocytisus supranubius* ✿.
- L'existence de structures géologiques orientées dans la même direction que des gradients de peuplement est aussi un facteur d'enrichissement biologique. Par exemple, les montagnes de l'Andalousie, de par leur orientation SW-NE, ont reçu des apports venus du nord et d'Afrique du Nord (**44**).

Pour finir, la nature chimique des roches qui forment la charpente des montagnes, est importante. La plupart des montagnes mésogéennes sont calcaires ou marno-calcaires avec leurs reliefs karstiques (gorges du Vikos, dans le Timphi grec, par exemple), leurs falaises (Ermenek : Taurus), leurs éboulis (Bolkar : Taurus). Toutefois quelques massifs sont soit granitiques (sierra de Gredos, Toubkal, Kachkar), soit métamorphiques (sierra Nevada, Sila), soit volcaniques (Etna, Teide, Ercyas).
Si l'on ajoute à tous ces massifs les montagnes méditerranéennes du Moyen-Orient, on arrive à une surface totale dépassant 135 000 km².

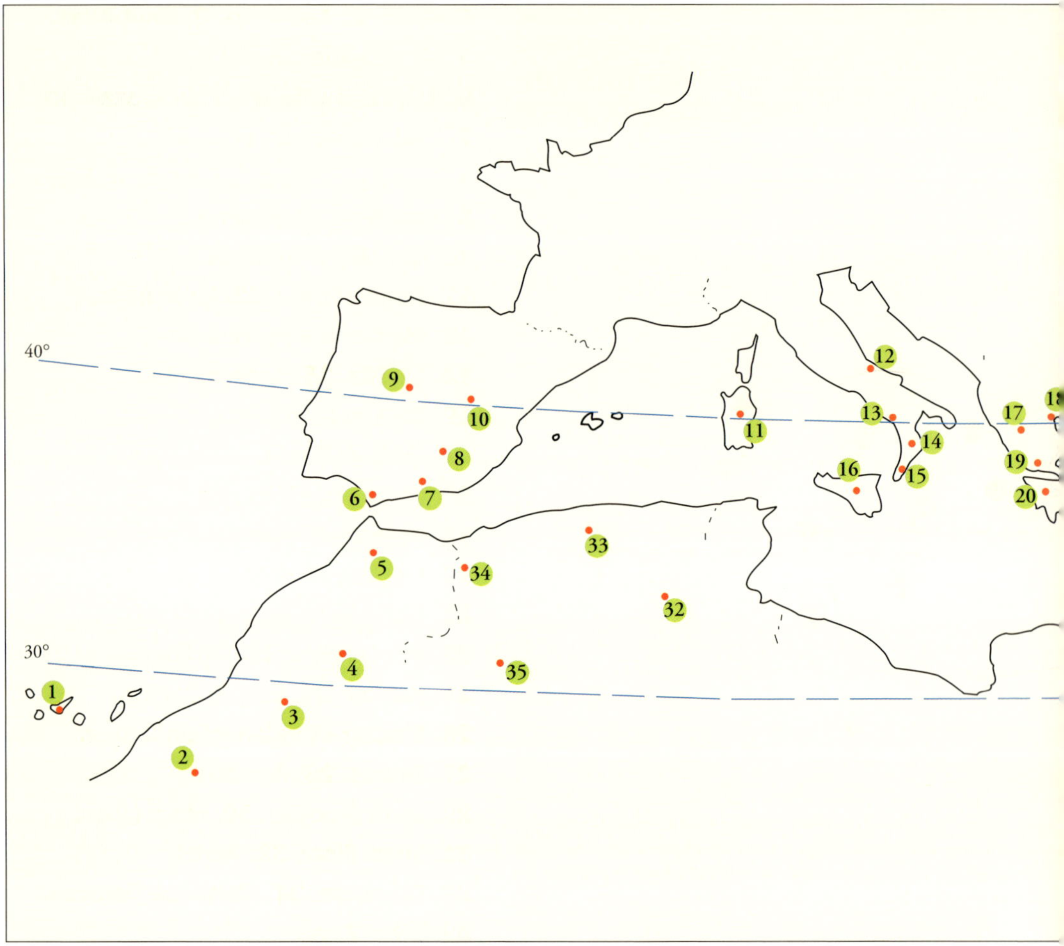

Massif	Latitude moyenne	Superficie en km²	Altitude maxi	Climat	État
Teide	28°20	300	3 718 m	semi-aride/sub-humide	Espagne
Atlas	31°	23 000	4 167	semi-aride/sub-humide	Maroc
Andalousie	37°30	6 000	3 480	sub-humide/humide	Espagne
Cord. carpétaine	40°40	1 700	2 592	humide	Espagne
Cord. celtibère	40°20	1 300	2 020	sub-humide	Espagne
Gennargentu	40°	100	1 834	humide	Italie
Calabre	39°	1 500	2 270	humide	Italie
Sicile	37°40	500	3 326	humide	Italie
Épire-Pinde	40°	3 000	2 917	humide	Grèce
Péloponnèse	37°	3 000	2 457	sub-humide/humide	Grèce

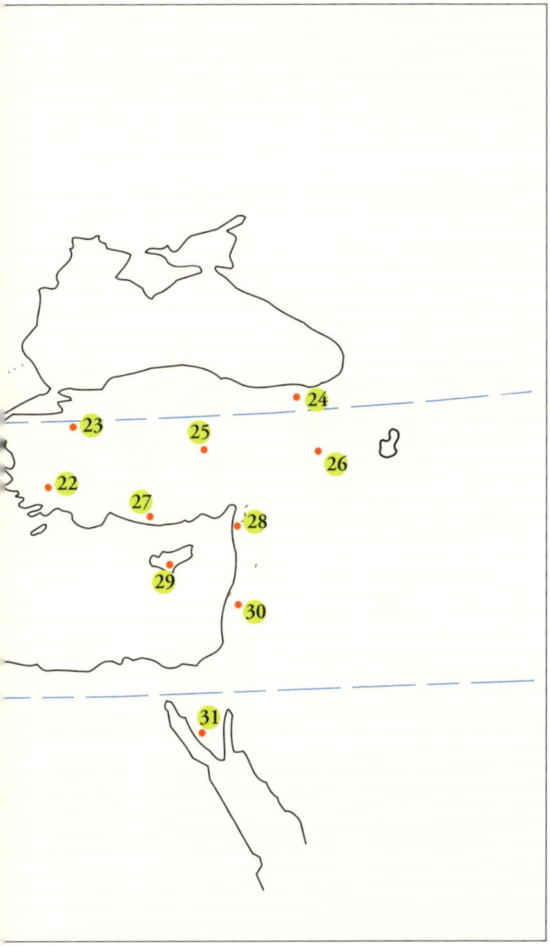

1. Teide. **2**. Anti-Atlas. **3**. Haut-Atlas.
4. Moyen-Atlas. **5**. Rif.
6. Sierras de Ronda et de Grazalema.
7. Sierras Nevada et Tejeda.
8. Sierras de Segura, Cazorla et Sagra.
9. Cordillère carpétaine.
10. Cordillère celtibère.
11. Gennargentu. **12**. La Majella.
13. Monte Pollino, Sirino.
14. La Sila. **15**. Aspromonte.
16. Etna et Madonie.
17. Timfi et Pinde.
18. Olympe de Thessalie.
19. Parnasse, Giona.
20. Taygète et Killini.
21. Lefka orê, Ida et Dikti orê.
22. Boz Daglari. **23**. Ulu Dag.
24. Kaçkar. **25**. Ercyès Daglari.
26. Munzur et Palandoken Daglari.
27. Taurus. **28**. Amanus.
29. Mont Troodos. **30**. Mont Liban.
31. Mont Sinaï. **32**. Aurès.
33. Djurdjura. **34**. Monts de Tlemcen.
35. Djbel Aissa.

Massif	Latitude moyenne	Superficie en km²	Altitude maxi	Climat	État
Crète	35°30	1 000	2 456	semi-aride/sub-humide	Grèce
Chypre	35°	300	1 951	semi-aride	Gr/Tu
Taurus	37°30	22 000	3 585	semi-aride/sub-humide	Turquie
Anatolie C et E	39°	30 000	3 462	semi-aride/sub-humide	Turquie
Anatolie NE	40°30	5 000	3 932	sub-humide/humide	Turquie
Liban	34°30	1 500	3 088	semi-aride	Liban
Sinai	28°30	1 000	2 642	semi-aride/aride	Égypte
Zagros	32°	20 000	5 180	semi-aride/aride	Iran
Kabylie-Aurès	36°30	1 000	2 310	sub-humide	Algérie

II - LE CLIMAT DE LA HAUTE MONTAGNE MÉDITERRANÉENNE

A - Généralités

Le problème de la définition du climat de haute montagne est celui d'une double dégradation :
1- À altitude constante, sous l'effet des masses atmosphériques et/ou des blocs continentaux, le climat méditerranéen de plaine peut se dégrader : (région de Teruel) en général vers le nord, du fait des influences océaniques. C'est, par exemple, le cas dans le nord de la Grèce (Pinde) où la végétation méditerranéenne côtoie la végétation tempérée. Inversement, généralement vers le sud, le climat se dégrade dans un sens qui conduit à une tendance semi-aride, comme sur les hauts-plateaux algériens. Ailleurs, le climat méditerranéen disparaît et devient continental à hiver très froid, comme en Anatolie centrale.
2- En montagne, le climat méditerranéen subit une altération dans la mesure où, souvent, les précipitations augmentent à moyenne altitude (puis diminuent plus haut), de sorte que la sécheresse estivale tend à disparaître : c'est le cas les montagnes calabraises. Vers le Sahara, alors que le piedmont possède un climat semi-aride, l'augmentation des pluies permet à un véritable climat méditerranéen de s'installer au-dessus de 1 000 m. Ce cas est typique dans les montagnes de l'Anti-Atlas, où l'on a découvert des peuplement de dragonniers (*Dracaena*).

Pour la définition générale du climat méditerranéen, nous renvoyons le lecteur à l'ouvrage *Les Fleurs du Midi* (Édisud, 1995) et à (**54**). Pour tenter de délimiter le climat méditerranéen de montagne, deux paramètres sont à prendre en compte : le climat de l'hiver et celui de l'été (**46**). Trois cas se présentent alors :
1- Pour les montagnes à hiver *sec* et extrêmement *froid* (moyenne des minimas de janvier, *m.* < -10 °C), deux cas sont à envisager : a) si l'*été* est *sec* et que les précipitations sont inférieures à 250 mm/an, il s'agit d'un climat de **montagne aride**, comme au Zagros, en Iran ou au Sinai ; b) si les précipitations annuelles sont supérieures à 250 mm et que l'été n'est pas nettement plus sec que l'hiver ou le printemps, le climat est **continental de montagne**, comme à l'Ercyas Daglari, en Cappadoce (**40**). Enfin, si la saison sèche disparaît, on est dans un type non méditerranéen, comme au Palandoken, vers Erzurum (Anatolie).
2- Lorsque les hivers sont humides et froids (–10 °C < *m* < –3 °C), le climat est **oroméditerranéen** si les précipitations annuelles sont comprises entre 250 et 1 500 mm et si l'été est sec et chaud (moyenne des maximas de juillet > 24 °C). Lorque les précipitations augmentent de telle sorte que la saison sèche disparaît et que l'hiver est très neigeux, on passe à un climat **oroméditerranéen humide** comme en sierra de Gredos, en Espagne, ou **subocéanique** pour des tranches de pluie encore plus forte (Pyrénées catalanes, Corse) : c'est ce qui advient au nord du 42e parallèle.
3- Enfin, si les moyennes des températures *m.* sont supérieures à -3 °C, avec des hivers humides et neigeux, des précipitations supérieures à 1 500 mm/an, le climat est généralement **subtropical de montagne** (si l'été est chaud) comme dans les chaînes pontiques.

Ainsi défini, le climat oroméditerrnéen présente deux variantes : a) une variante *sub-humide* avec des précipitations annuelles moyennes (P) comprises entre 1 000 et 1 500 mm, une courte saison sèche de un à trois mois (ces valeurs correspondent aux montagnes comprises entre le 40e et le 37e parallèle : Andalousie, Taurus, etc., c'est-à-dire plus de 60 % de la superficie ; b) une variante *semi-aride* (500 < P < 1 000 mm) avec une saison sèche (l'été) de trois à six mois. Ce cas s'observe dans les Atlas, une partie du Taurus et au mont Liban.
Le tableau ci-contre présente quelques paramètres climatiques pour dix localités d'altitude.

Localité	Altitude (m)	Précipit. annuelles (mm)	Tempér. annuelles (°C)	Moyenne maxima juillet	Moyenne minima janvier	Durée saison sèche
Albergue (S. Nev.)	2 000	650	4,7	20	- 10	4 mois
Cerecillo (Al)	1 780	708	10,3	24	- 0,1	4 mois
Cañadas Nerpio (Ab)	1 482	548	12,1	27,2	- 0,1	2 mois
Piano di Ruggi (Sa)	1 600	2000	7	21	- 5,7	nulle
Ermenek (Tu)	1 260	564	14,0	30	1,4	4 mois
Ozalp (E Tu)	2 010	370	6,0	28,2	- 17,8	6 mois
Les Cèdres (Liban)	1 925	890	8,8	22,8	- 4	4 mois
Ifrane (Maroc)	1 600	1200	10,5	28	- 8	nulle
Izana (Tenerife)	2 365	480	21,7	30	0,6	4 mois
Tragacete (Cu)	1 342	1134	10,3	29	- 2,8	2 mois

Quelques données climatiques pour 10 localités montagnardes

S. Nev = Sierra Nevada (Esp.)
Al = Almeria (Esp.)
Ab = Albacete (Esp.)
Sa = Salerno (It.)
Tu = Tur.
Cu = Cuenca (Esp.).

B - L'étagement altitudinal de la végétation

Les grandes coupures définies ci-dessus ne suffisent pas à interpréter la végétation des montagnes mésogéennes. Par exemple, les cédraies du Moyen-Atlas croissent-elles sous des conditions climatiques identiques, simplement comparables, ou complètement différentes de celles des cédraies du Taurus ? Est-il possible de semer en Andalousie des graines de cèdres issues de semenciers de la région de Konya (Turquie) ? Une partie de la réponse à ces questions se trouve dans la compréhension de la notion d'étage bioclimatique (voir Coen et Boucher, 1995, Édisud). Louis Emberger (1939) a été parmi les premiers à tenter de corréler, au Maroc, l'évolution de la végétation en altitude avec les paramètres climatiques. Cet auteur donnait plus d'importance au facteur humidité qu'au facteur température. Mais c'est Ozenda (**55**) qui a le premier donné des définitions globales des étages. Il est aussi le premier à avoir employé le terme d' "altiméditerranéen" pour désigner l'étage supérieur des montagnes méditerranéennes à chaméphytes rampants (voir plus loin). En effet, dans les montagnes d'Europe et du Caucase, l'étage alpin *stricto sensu* est caractérisé par l'absence naturelle d'arbres, due au froid, alors que dans les montagnes méditerranéennes, la disparition des arbres survient, à latitude équivalente, pour des altitudes plus basses. Par exemple, sur le 41e parallèle, dans le Kachkar, non méditerranéen, sans intervention humaine évidente, la végétation arborée disparaît vers 2 600 m (*Picea orientalis*), alors que dans le Pinde (Grèce) ou la cordillère carpétaine, la forêt ne dépasse pas 2 000 m.

La température, qui diminue globalement de 0,55 °C par élévation de 100 m, est le facteur le plus important ici : lorsque la température moyenne des minima de janvier (m) passe en dessous du seuil de –3 °C, on quitte l'étage dit *supraméditerranéen* (généralement à arbres feuillus dominants) pour entrer dans l'étage dit *oroméditerranéen sensu* (**55**). Lorsque, avec l'altitude, m descend en-dessous de –7 °C, on atteint l'étage *altiméditerranéen* appelé *crioroméditerranéen* par Rivas-M. (**52**). Seules les espèces des deux étages supérieurs (oro- et altiméditerranéen) sont traitées dans cet ouvrage.

D'une manière générale, l'étage oroméditerranéen a une amplitude altitudinale de 500 à 600 m. C'est le plus souvent le domaine des conifères (*Cedrus*, *Abies*, *Pinus*). Vers le sud, la température moyenne générale augmente de telle sorte que les altitudes des différents étages "montent" d'environ 1 000 m lorsqu'on se déplace de 1 000 km vers le sud (**55**). Sur le 38e parallèle, la limite 0 °C de m se situe vers 1500-1700 m (**54**) ; ceci justifie le choix adopté pour le minimum d'altitude des montagnes décrites dans cet ouvrage. Une application pratique de ces notions est, par exemple, la connaissance des dates de floraison : le romarin fleurit en février sur le littoral de Malaga (Espagne) alors qu'il faut attendre juin pour le voir en fleurs dans les collines de Manosque (Alpes-de-Haute-Provence, France). Et si l'on choisit une espèce moins thermophile comme l'amélanchier, dans la même ambiance thermique, par exemple à la limite supra-oroméditerranéen, on trouvera cet arbuste en fleurs à la même date (fin avril) à 1 200 m d'altitude en Haute-Provence et à 2 000 m en Andalousie.

III - LA FLORE DES MONTAGNES MÉSOGÉENNES

Richesse et origines

Le comptage des espèces végétales vasculaires orophiles (oro = montagne) de l'ensemble des massifs mésogéens n'a jamais été réalisé. En revanche, la *Med Check List* (**3**) donne la richesse de l'ensemble que recèlent les États riverains de la Méditerranée, soit plus de 25 000 espèces, avec plus de 11 000 en Turquie (**2**). D'une manière générale, et singulièrement en zone méditerranéenne, la flore s'appauvrit avec l'altitude (**56**), de sorte qu'on peut grossièrement estimer à 5 000 le nombre d'espèces de plantes supérieures des montagnes traitées ici (Moyen-Orient exclu). Quelques comptages locaux ont été réalisés pour des montagnes à superficie limitée ; par exemple, la Sierra Nevada possède presque 2 000 espèces. Le tableau ci-contre indique les richesses végétales de quelques massifs.
Une autre façon de mesurer la richesse floristique est d'évaluer le nombre d'espèces pour une unité de surface, de manière à établir des comparaisons valables. Par exemple, dans la région de Castellane, en Provence, pour une surface de 20 ha, vers 1 800 m d'altitude, nous avons récolté 250 espèces, et 25 espèces pour une pelouse haute alpine, vers 2 600 m d'altitude en Ubaye, de même surface (**54**). Dans les montagnes mésogéennes, sous climat oroméditerranéen, quelques secteurs nous semblent particulièrement riches à des altitudes inférieures à 2 000 m : la sierra de Ronda en Andalousie et le karst d'Ermenek en Turquie. La diversité maximale semble s'observer dans les montagnes calcaires, entre 1 500 et 2 200 m, sous climat subhumide, avec juxtaposition de pelouses, d'éboulis, de milieux rocheux, ce qui est souvent le cas en pays karstique.
Comme l'a fait remarquer P. Quézel (**51**), c'est la grande homogénéité des flores oroméditerranéennes qui est frappante : par exemple, le petite Rosacée arbustive *Prunus prostratus* ✿ est répartie de l'Atlas marocain jusqu'au Taurus.

Nom du massif	Superficie en km	Nombre de taxons	Nombre d'espèces endémiques régionales	Nombre d'endémiques du massif	Auteurs
Sierra Nevada	1 750	1 935	225	53	Molero-Mesa, 1992
Sierra Grazalema	700	1 279	90	2	Martinez 1987
Sierra de Cazorla	500	2 140	49	27	Valle-Tendero 1989
Mont Timfi	500	1 750	6	0	P. Authier, 1997
Alfaguarra	70	800	34	1	F. Valle, 1987
Cordillère carpétaine	1 700	1 400	200	14	Luceno et Vargas, 1991
Majella	600	1 621	183	4	Tammaro, 1981

Même observation pour la Labiée *Scutellaria orientalis* ✿. On observe aussi des cas de vicariance, c'est-à-dire la présence de deux espèces proches dans deux massifs éloignés : par exemple, la Dipsacacée *Pterocephalus depressus* ✿ de l'Atlas est génétiquement proche de *P. pinardii* du Taurus. Ces faits montrent que la flore orophile mésogéenne a une origine commune, au moins partiellement. Les espèces se sont différenciées le plus souvent *in situ* comme *Gentiana pyrenaica* ✿, mais aussi à partir de la flore iranienne (comme les *Acantholimon*) ou encore à partir de la flore septentrionale, comme *Nardus stricta* ✻. Il n'est pas possible, dans cet ouvrage, d'expliquer les mécanismes de la formation des espèces. Le lecteur intéressé trouvera les explications concernant l'évolution biologique dans des ouvrages spécifiques comme celui de M. Lamotte (**14**).

D'où proviennent les végétaux qui peuplent actuellement les montagnes mésogéennes ? Sachant que les espèces ont évolué à partir d'ancêtres ayant le plus souvent vécu sous un climat tropical ou subtropical, deux aspects sont à envisager : comment ont évolué les végétaux à partir d'une région autre que le monde mésogéen ? et comment certaines espèces originaires des zones basses ont-elles évolué en végétaux de montagnes dits *orophiles* ? Au départ, deux sortes de facteurs “contraignent” les végétaux à évoluer : les bouleversements géologiques (déplacements des plaques tectoniques, formation de liaisons entre deux blocs continentaux, rupture d'un bloc en plusieurs, ou bien soulèvements de chaînes de montagnes) et des changements climatiques, tant en ce qui concerne les températures que la somme des précipitations. Comme tous les cas de changement envisagés ont existé non seulement dans toutes les parties du monde mésogéen, mais aussi plusieurs fois depuis 10 millions d'années ; comme, en outre, le monde mésogéen est ouvert sur l'Europe, l'Asie et l'Afrique, il est clair que cette région est l'une des plus complexes du monde, et c'est ce qui en fait la richesse.

L'un des mécanismes les plus importants est celui de l'isolement : une ou plusieurs populations d'espèces spontanées (sauvages) se retrouvent séparées de leur population principale pour des causes géologiques ou climatiques. Par exemple, on peut imaginer qu'une vaste population d'une espèce végétale vivait sous un climat sub-humide entre les 35e et le 28e parallèles et qu'une partie méridionale de la population se retrouve ensuite isolée, soit sous l'effet d'un soulèvement orogénique ou de la formation d'un volcan, soit à cause d'un assèchement des parties planitiaires méridionales. C'est ainsi que les volcans du Sahara, au-dessus de 2 000 m, portent quelques espèces proches de celles du bassin méditerranéen (par exemple *Nepeta mirei* du Tibesti, proche de *N. amethystea* méditerranéen). Un autre cas est le suivant : après une longue période froide, deux populations microthermes (adaptées au froid) se retrouvent isolées (en altitude) par la plaine redevenue tiède. Cela explique les différences génétiques entre quelques espèces des hautes montagnes de l'Atlas et des espèces européennes (*Saxifraga longifolia* subsp. *gaussenii*). Bien entendu, le cas d'isolement le plus typique est celui de l'insularité (**30**). Le Teide, l'Etna, îles-volcans, portent des plantes particulières comme la grande épervière *Echium wildpretii* ✿ du Teide, à Tenerife.

Ceci nous conduit à la notion d'endémisme : une espèce endémique est localisée à une région, une montagne, un plateau. Par exemple, la marguerite *Leucanthemopsis pectinata* ✿ est endémique de la Sierra Nevada andalouse. Certains genres sont endémiques d'une région ou d'un pays ; par exemple, les silènes du genre *Petrocoptis,* avec quelques espèces endémiques de la moitié nord de l'Espagne à basse ou moyenne altitude. L'inventaire des taxons endémiques a fait l'objet de travaux de plus en plus nombreux et cette notion est désormais entrée dans les préoccupations écologiques, car les espèces endémiques, en cas d'agression humaine envers l'environnement, sont menacées au premier chef. Si une telle espèce disparaît dans son aire, sa perte est définitive. Le problème est que le caractère endémique ne se mesure pas et souffre d'une double imprécision : au niveau génétique, d'abord, car, autant l'endémisme d'une espèce comme *Spartocytisus supranubius* ✿, genêt du haut Teide (Tenerife), ne fait aucun doute – c'est un taxon génétiquement très particulier, ce qu'on nomme macro-endémique –, en revanche, le sapin du Rif (*Abies tazaotana*) n'est-t-il pas une simple forme du Pinsapo d'Andalousie ✿ (micro-endémisme) ? Imprécision également au niveau de la surface de la zone d'endémisme : il est cohérent de considérer *Jankaea heldreichii* comme endémique de l'Olympe de Thessalie ; en revanche, est-il raisonnable de dire, comme le fait Dalmann (**11**), que la flore méditerranéenne possède 50 % d'espèces endémiques ? Quoi qu'il en soit, c'est dans les secteurs les plus complexes par leur histoire géologique et climatique que l'on trouve les taux d'endémisme les plus forts, comme en Andalousie ou en Crète.

Avant de décrire les grands traits de la végétation des montagnes mésogéennes, il est indispensable de donner quelques idées sur les affinités et les origines des genres végétaux les mieux représentés dans ces montagnes.

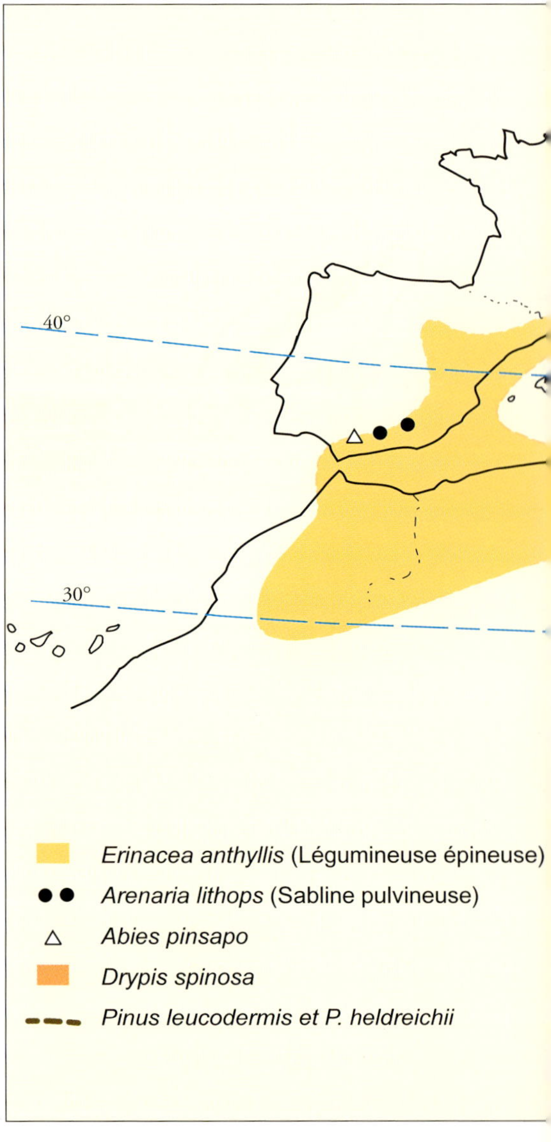

Quelques plantes dont la répartition est caractéristique dans le bassin méditerranéen

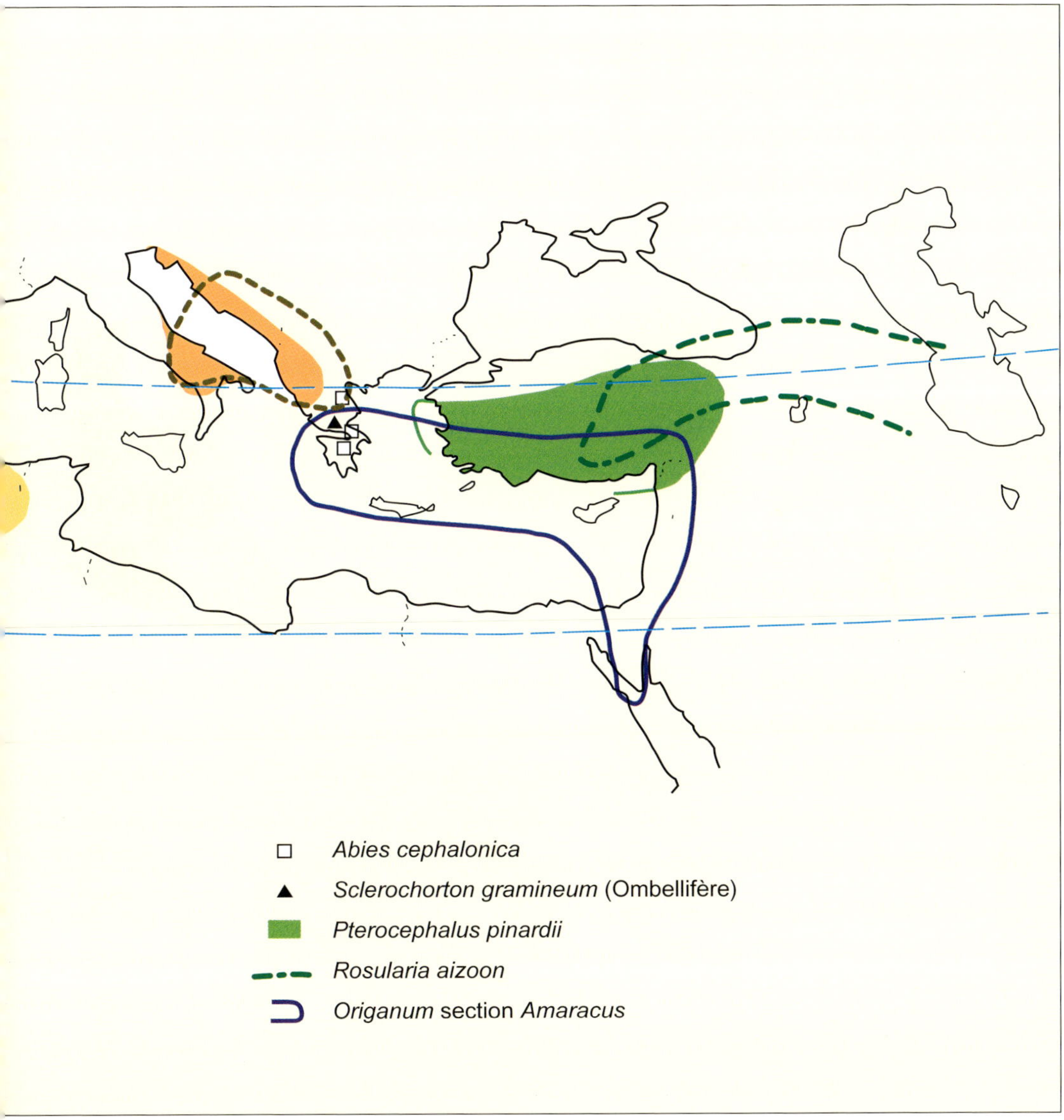

A - Certains genres semblent s'être différenciés dans l'ensemble des montagnes mésogéennes, sur place (*in situ*), et forment "le fond orophile commun". Outre les essences majeures que nous aborderons ensuite (sapins, pins, cèdres, chênes...), nous pouvons citer le genre *Berberis*, avec 6-7 espèces (fiche n° 88). Appartiennent également à ce groupe des genres comme les *Cotoneaster*, les *Prunus*, les *Papaver* vivaces, les dracocéphales, les chèvrefeuilles arbustifs et les *Ptilostemon*.

B - De nombreux taxons (genres entiers ou groupes d'espèces génétiquement proches) ont évolué à cause des déplacements des trois principales plaques tectoniques qui forment l'essentiel de la trame du bassin :

1. sur la plaque ibéro-bético-rifaine (donc ibéro-nord-africaine) : plusieurs genres sont endémiques : parmi les légumineuses, *Echinospartum, Erinacea* (carte, p. 12-13) ; parmi les Brassicacées : *Vella, Hormatophylla*. Beaucoup de genêts ont leur centre de dispersion autour de la Meseta ibérique (*Genista* du groupe *lobelii*). Également endémiques, les *Coincia*, genre génétiquement assez proche des choux ; tout un groupe de sablines (*Arenaria*), notamment des espèces pulvineuses comme *A. lithops* ✿ (carte, p. 12-13).

À ce groupe appartiennent aussi les genres *Ononis*, les narcisses, beaucoup de vipérines, les germandrées du groupe *Teucrium rotundifolium*, quelques espèces de geules-de-loup, comme *Antirrhinum pulverulentum* ✿.

2. Dans la partie centrale du bassin, c'est-à-dire la plaque apulienne, rares sont les genres endémiques : *Drypis spinosa* ✿ (carte, p. 12-13), de la famille des Caryophyllacées ; *Petteria*, genêt de l'ouest des Balkans ; *Degenia*, des montagnes croates ; *Jankaea* déjà cité ; *Sclerochorton*, une Ombellifère grecque. Beaucoup de *Silene*, *Dianthus, Edraianthus* ✿ ont leur centre de dispersion dans cette zone.

3. La plaque anatolienne est l'un des principaux centres de spéciation et d'endémisme pour le bassin. Parmi les genres endémiques qui possèdent des espèces de montagnes, citons les *Michauxia, Thurya, Olymposciadium*. Parmi les genres non endémiques, notons *Aubrieta, Aethionema, Alyssum, Rosularia, Ebenus, Onosma, Verbascum, Asyneuma*, etc.

C. Tout un cortège de genres est issu du sud-est du bassin. Ils sont dits Irano-touraniens. Les espèces appartenant à ces genres sont le plus nombreuses dans l'est, mais ont largement pénétré par la rive sud (Sahara) et ont atteint la Meseta ibérique. Citons : le Cyprès (*Cupressus sempervirens* ✿) ; probablement les poiriers sauvages (*Pyrus eleagnifolia* ✿) ; les amandiers sauvages (*Amygdalus*) ; les *Gypsophila* ; les *Isatis* ; l'immense groupe des *Astragalus*, avec le sous-groupe des astragales épineuses (plus de 450 espèces dans le bassin) ; les sainfoins *Hedysarum* et *Onobrychis* ; l'important groupe des *Acantholimon* (35 taxons) ; les *Echinops* ; les armoises ; les *Cousinia* ainsi que les liliales *Allium* et *Eremurus*.

D. Un petit contingent de plantes semble issu des montagnes centrafricaines, comme les *Helichrysum*, les *Phagnalon* (immortelles).

E. Enfin, bien sûr, une partie importante de la flore des montagnes mésogéennes est issue des régions fraîches ou froides du nord ou de l'est. C'est la cas des saules de montagne, des érables (*Acer*) avec 6 espèces, des *Rhamnus* (8 espèces), des *Daphne* ainsi que des herbes comme les *Delphinium*, les *Aquilegia* ✳, les *Saxifraga*, les *Potentilla*, les *Gentiana*, etc.

F. Plusieurs genres ont une origine complexe. C'est le cas d'essences forestières ou d'arbustes écologiquement importants ou de grands genres de vivaces.

1. Parmi les essences forestières majeures de Conifères, un premier cas est celui des sapins, avec trois groupes d'espèces strictement méditerranéennes : les groupes d'*Abies pinsapo* ✿ d'Andalousie (carte, p. 12-13), avec *A. maroccana* et *A. numidica*, les deux derniers d'Afrique du Nord ; le groupe du sapin de Céphalonie : *A. cephalonica*, en Grèce, et *A. nebrodensis*, en Sicile. Enfin, le sapin de Cilicie (*A. cilicica* ✿), du Taurus.

Ensuite il faut citer les pins (*Pinus*), avec un groupe d'origine eurosibérienne (*P. sylvestris* ✳) présent en Andalousie et en Turquie ; le groupe complexe des pins noirs (*P. nigra*), avec 6 sous-espèces depuis le Maroc jusqu'à la Turquie, et le groupe de *P. leucodermis* ✿ balkanique (carte, p. 12-13).

Trois espèces de cèdres se partagent l'espace mésogéen (carte, p. 16-17), avec *Cedrus libani* ✿ qui couvre les plus grandes surfaces au Taurus. *Cedrus deodara* habite les montagnes entre Afghanistan et Népal.

2. Les genévriers (*Juniperus*) sont préforestiers ou forment des matorrals d'altitude avec 8 taxons répartis en trois groupes : celui du genévrier commun avec *J. communis* subsp. *hemisphaericus* ✿, celui du genévrier sabine (*J. sabina* ✿), enfin,

le groupe des genévriers dressés à feuilles en écailles (*J. thurifera* ✿, *J. excelsa* etc.).

3. Les feuillus forestiers appartiennent à 4 genres d'inégale valeur : le charme-houblon (*Ostrya carpinifolia* ✻) est oriental et plus fréquent en Grèce, il atteint 1 700 m ; le châtaignier (*Castanea sativa*) semble originaire du bassin, mais il a été très largement répandu durant l'Antiquité sur les sols non calcaires ; parmi les deux hêtres, seul *Fagus sylvatica* subsp. *silvatica* vit dans les montagnes méditerranéennes, en ambiance humide (Etna, Calabre, etc.). Enfin, le bassin mésogéen possède plus de 25 espèces de chênes (*Quercus*) capables de dépasser l'altitude de 1 500 m. Leurs centres de dispersion sont multiples, avec un groupe occidental à feuilles scérophylles (*Q. ilex* ✻ et *Q. rotundifolia* (carte, p. 16-17), un groupe occidental à feuilles marcescentes, larges et molles (*Q. faginea* ✿), et plusieurs groupes orientaux, avec un maximum de développement en Iran (*Q. persica,* dans le Zagros, et *Q. macrantha,* dans la chaîne hyracienne).

4. Parmi les herbes vivaces, retenons les *Anthyllis* (fiche n° 49) ; les millepertuis (*Hypericum*, fiche n° 211) et les *Stachys* (80 taxons), avec, pour chaque genre, un centre anatolien et un centre ibérique. La situation est comparable pour les sauges (*Salvia*), avec 150 taxons (fiche n° 70) ; enfin les centaurées (*Centaurea*) possèdent plus de 100 taxons orophiles, avec des centres diversifiés d'ouest en est (fiche n° 180).

IV - LES PRINCIPAUX TYPES DE VÉGÉTATION DES MONTAGNES MÉSOGÉENNES

Nous envisagerons la végétation climacique (voir Boucher, Coen, Édisud, 1995) en commençant par la végétation naturellement forestière (partie A), en décrivant ensuite les peuplements d'altitude à arbustes ou à chaméphytes (parties B et C), puis en donnant quelques idées de la végétation de haute altitude (parties D et E). Nous décrirons ensuite les types de végétation déterminés soit par un sol particulier (éboulis, falaises), soit par la présence d'une eau particulièrement abondante (parties F et G).

A - Les forêts d'altitude

Pour l'amateur de plantes vivaces susceptibles d'être cultivées, les forêts sont plus intéressantes qu'il n'y paraît. En effet, ces forêts sont le refuge de nombreuses espèces de grande valeur horticole, comme les *Geranium* vivaces ou certaines petites plantes grasses telles que *Sedum stoloniferum* ✿. Ensuite les forêts constituent des zones tampons pour l'environnement, c'est-à-dire que leur développement maintient un sol humide, riche ; elles jouent un rôle mécanique contre l'érosion grâce aux racines, et donc, leur seule présence protège les écosystèmes héliophiles environnants.
Or, comme en plaine méditerranéenne, les forêts d'altitude sont extrêmement menacées, pour quatre raisons principales :
- le surpâturage dans tout le bassin, notamment par les chèvres ;
- les coupes pour le charbon de bois à l'exportation ou le bois de chauffage domestique ;
- les incendies de plus en plus importants (en Grèce, par exemple) ;
- les attaques par des parasites (insectes, acariens ou champignons), d'autant plus graves que les arbres sont affaiblis par le surpâturage ou la déforestation elle-même.
En outre, les forêts sont d'autant plus fragiles qu'elles sont morcelées et plus sensibles aux variations climatiques (gelées, périodes de sécheresse).

1. Les forêts de feuillus

Le genre le mieux représenté, comme nous l'avons déjà signalé, est celui des chênes (*Quercus*), mais il faut ici distinguer au moins le cas des espèces à feuilles dures et souvent épineuses dites **sclérophylles,** comme le chêne vert, des espèces à feuilles molles, larges, caduques comme le chêne blanc. Les chênes définissent bien l'étage supraméditerranéen ; toutefois, lorsqu'ils dépassent cette altitude et forment des forêts, ils caractérisent ce qu'on appelle l'étage *montagnard méditerranéen*.

Parmi les arbres à feuilles sclérophylles, le chêne vert (*Quercus ilex* ✻) est bien représenté dans la partie N-O des montagnes méditerranéennes. Mais en Espagne et au Maroc il est remplacé par un type proche (*Quercus rotundifolia*) (photo p. 64), plus tolérant, autant au froid qu'à la sécheresse, que le véritable chêne vert. Le chêne à feuilles rondes forme d'importantes forêts dans les Atlas marocains et atteint 2 800 m dans une ambiance sub-humide ou semi-aride. En Andalousie, le chêne à feuilles rondes forme aussi d'importantes forêts, surtout à l'étage supraméditerranéen ; cet arbuste, très agressé par les troupeaux, atteint 2 000 m en Sierra Nevada. En Andalousie calcaire, à l'étage supraméditerranéen, *Quercus rotundifolia* forme des bois clairs avec l'épine-vinette *Berberis hispanica,* l'hellébore *Helleborus foetidus* ✻ et le genêt *Cytisus reverchonii* qui rappelle le genêt à balais. Ces chênaies sont nommées "encinares" par les Andalous. Le chêne à feuilles rondes est aussi présent dans la Cordillère carpétaine, toujours à l'étage supraméditerranéen, en compagnie d'un genêt : *Cytisus multiflorus*. Bien que présent en France, *Quercus rotundifolia* ne forme plus de bois alticoles au nord des montagnes celtibères, (région de Teruel). Il faut aller à Chypre pour retrouver ensuite des chênaies sclérophylles avec *Quercus alnifolia* à l'étage supraméditerranéen. Le chêne-kermès, dans sa forme *Quercus calliprinos,* peut participer à des boisements à l'étage supraméditerranéen, par exemple au Liban ou dans le Taurus.

Les chênes à feuilles molles forment un groupe complexe. Le chêne blanc (*Quercus pubescens* ✻), avec des formes proches – *Q. infectoria, Q. virgiliana, Q. boissieri*... –, est présent depuis les Atlas jusqu'au Liban, mais c'est en Calabre et en Sicile qu'il forme quelques boisements significatifs, ainsi qu'en Crète (à l'étage mésoméditerranéen). Le chêne à larges feuilles : *Quercus faginea,* avec ses formes proches – *Q. afares, Q. zeen, Q. alpestris* –, est représenté entre le Maroc et le nord de l'Espagne, en ambiance sub-humide ou humide. Dans les Atlas, cette essence forme des forêts, avec la luzule *Luzula atlantica* et diverses espèces de pivoines. En Andalousie calcaire, cet arbre forme le "quejigal", avec *Lonicera splendida*, beau chèvrefeuille. Il est aussi présent dans les monts de Teruel, en compagnie de l'érable *Acer granatense.* Également occidental, le chêne des Pyrénées (*Quercus pyrenaica*) forme des boisements dans le Rif marocain, en Andalousie, et surtout dans la cordillère carpétaine avec *Luzula forsteri* : c'est le "melojar" des Castillans. Plus vers l'est, notamment en Grèce du Sud, d'autres espèces de chênes prennent le relais comme *Quercus frainetto* (carte ci-dessous) qui forme des boisements à l'étage mésoméditerranéen, en compagnie de la mélitte *Melittis melissophyllum* ✻, du genêt *Chamaecytisus hirsutus* ✿.

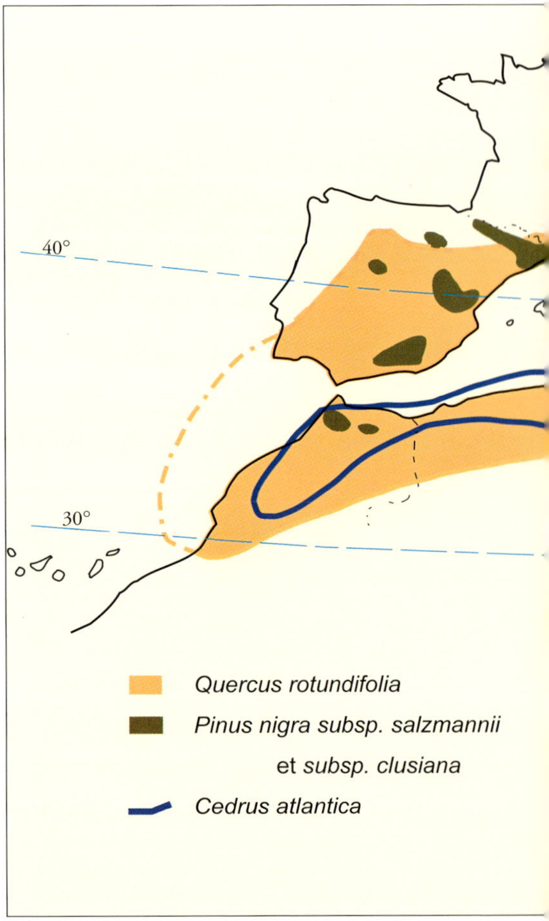

Plus à l'est encore apparaît *Quercus macranthera* ✿ qui peuple l'Anatolie centro-orientale en compagnie d'un chèvrefeuille : *Lonicera nummulariaefolia,* d'une scabieuse : *Cephalaria speciosa,* de la laitue *Cicerbita mulgedioides,* avec un autre chêne : *Quercus libani* (carte ci-dessous). Au Liban (où cette dernière espèce est absente), apparaissent des espèces forestières alticoles telles que *Quercus cedrorum, Q. brandtii.* Plus à l'est encore, en Iran, en Afghanistan, les chênaies prennent un grand développement en altitude.

Outre les chênes, les hêtres sont présents dans les montagnes du sud du 40e parallèle, avec une essence qui peut former des boisements sous climat méditerranéen, en ambiance humide : *Fagus silvatica* ✳, le hêtre commun, l'autre essence : *F. silvatica* subsp. *orientalis* forme des forêts importantes sous climat pontique près de la mer Noire. Vers le sud-ouest, en cordillère carpétaine, *Fagus silvatica* forme des "haydos" sur versant nord des montagnes, mais c'est en Calabre que les hêtraies sont le mieux développées (photo p. 106), avec la campanule *Campanula trichocalycina* ✿, la gesse *Lathyrus venetus,* l'anémone *Anemone appenina*. Les influences balkaniques sont fortes dans ces hêtraies méridionales, avec des espèces comme l'érable *Acer lobelii,* le chardon *Ptilostemon strictus* ✿. Le hêtre croît aussi en Sicile, sur le flanc nord de l'Etna et au Madonie où il est plus commun. Cet arbre est aussi très présent en Grèce du Nord, avec l'orchidée *Cephalanthera pallens,* le géranium vivace *Geranium macrorrhizum* ✿, l'hellébore *Helleborus cyclophyllus,* le petit muguet *Asperula odorata,* l'ombel-

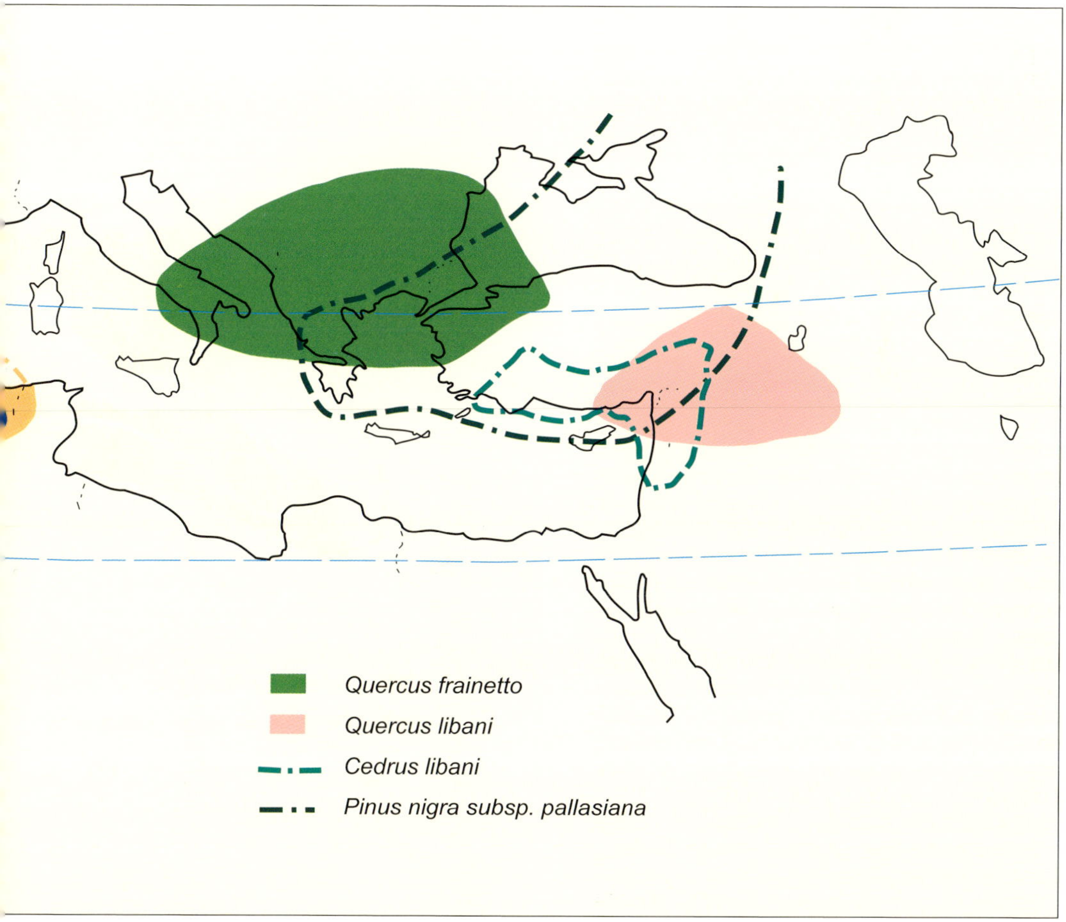

lifère vivace *Physospermum aquilegifolium :* On voit ici qu'on est en limite du monde méditerranéen. En Grèce du Sud, des hêtraies nettement oroméditerranéennes prospèrent avec *Campanula patula* subsp. *abietina,* le lis orangé *Lilium chalcedonicum,* la dentaire *Dentaria bulbifera, Ranunculus brutius, Geranium striatum.* Ces hêtraies sont souvent mixtes avec des sapins. Bien que vivant, en principe, sous climat pontique, le hêtre oriental, entre 1 000 et 1 800 m, apparaît localement au Taurus (région de Pos) et à l'Amanus. Dans les chaînes pontiques, cette essence est généralement calcifuge, avec la gesse *Lathyrus roseus, Dentaria bulbifera* déjà citée. Cette esence vit également aux Balkans, en Crimée, dans le Caucase et dans le nord de l'Iran. D'autres essences forestières ont quelque valeur géographique importante comme le châtaignier, présent à l'étage supraméditerranéen en Sierra Nevada, ainsi qu'en Crète ou dans la Sila calabraise. Le charme-houblon (*Ostrya carpinifolia* ✻) est une essence surtout mésoméditerranéenne entre Italie et Turquie, il diffuse localement dans l'étage sus-jacent. Les bouleaux peuvent localement prendre quelque importance comme sur l'Etna (*Betula aetnensis*), où cette espèce de petite taille forme des peuplements xérophiles. Mais c'est en Anatolie orientale que les bouleaux forment des peuplements importants.

2. Les peuplements à conifères

(carte, p. 16-17)

Les pins (*Pinus*) sont les résineux les mieux diversifiés autour du bassin. Le pin des Canaries, *Pinus canariensis* (photo p. 30) occupe les pentes du Teide à l'étage orocanarien, avec un sous-bois clair hébergeant *Chamaecytisus proliferus* (un genêt ✿), la marjolaine arbustive *Bystropogon origanifolius,* l'asperge *Asparagus plocamoides...* Le pin sylvestre (*Pinus sylvestris* ✻), dans une variété spéciale, est présent en Sierra Nevada, sur schistes, aux étages supra- et oroméditerranéen ; il est aussi typique dans les cordillères carpétaines, avec *Genista florida,* un genévrier : *Juniperus hemisphaerica* ✿, ou encore dans les monts celtibères avec *Berberis seroi* ✿*, Juniperus sabina* ✿*,* ainsi que sur les revers méridionaux des chaînes pontiques d'Anatolie septentrionale, avec des espèces centro-européennes, comme des pyroles, des millepertuis vivaces, des épervières, des astragales, telle *Astragalus squalidus,* des corbeilles d'argent comme *Iberis tauricus,* etc. Les pins du groupe *Pinus heldreichii-leucodermis* ✿ forment des peuplements à l'étage supra-oroméditerranéen en Calabre entre 900 et 2 100 m (monte Pollino), ou alors en Grèce du Nord (région de Metsovon, Épire (photo p. 121), avec le daphné *Daphne blagayana,* la crucifère *Peltaria emarginata.* Les autres pins appartiennent au groupe des pins noirs, avec tout un cortège de sous-espèces plus ou moins bien caractérisées.

Le pin de Maurétanie (*Pinus nigra* subsp. *mauretanica*) est présent dans le Rif et dans la Djurdjura d'Algérie, mais ne forme pas de boisements importants ; en revanche, le pin *clusiana* (*P. nigra* subsp. *laricio* var. *clusiana* ✿, carte, p. 16-17) forme d'importantes forêts sur calcaire entre 1 300 et 2 300 m en Andalousie centrale et orientale, particulièrement dans la Sierra de Cazorla (photo p. 79), en ambiance sub-humide, avec *Rosa pouzinii,* le chou *Brassica repanda* ✻, *Cytisus reverchonii, Berberis hispanica,* la digitale *Digitalis obscura* ✿*,* le raisin d'ours *Arctostaphylos uva-ursi.* Le pin laricio (*Pinus nigra* subsp. *laricio*), bien connu de Corse, peuple aussi les montagnes de Calabre : en Sila et en Aspromonte, avec les genêts *Genista sericea* et *Chamaecytisus subspinescens,* la Boraginée *Onosma echioides.* Le pin laricio est aussi présent en Sicile, où il forme une forêt non définitive (celle-ci étant la hêtraie). Plus à l'est, le pin noir est sous la forme pin de Pallas (*Pinus nigra* subsp. *pallasiana*) ✿ (carte, p. 16-17). Cette essence est présente en Grèce du Nord (Olympe de Thessalie) à l'étage supraméditerranéen, avec l'immortelle *Staehelina uniflosculosa, Genista sakellariadis,* etc. et à l'étage oroméditerranéen en Épire, avec *Genista sericea, Lilium albanicum,* le sorbier *Sorbus torminalis...* Le pin de Pallas est également présent en Grèce du Sud, ou il vit en mélange avec le sapin de Céphalonie. Dans le Taurus, le pin de Pallas forme d'importants peuplements entre 1 200 et 1 800 m, sur les deux versants, avec une forme spéciale sous climat humide et sur ophiolites dans la région de Adana. Les pinèdes du Taurus hébergent *Berberis crataegyna,* l'euphorbe *Euphorbia kotschyana* ✿, le chrysanthème *Tanacetum cilicicum...* Enfin, le pin de Pallas est aussi présent en Anatolie du Nord : région de Erbaa, avec *Tanacetum sorbifolium* ✿.

Trois espèces de cèdres (*Cedrus*) vivent dans les montagnes à climat méditerranéen (carte, p. 16-17), car le cèdre de Chypre (*C. brachyphylla*) est une essence non montagnarde ; à l'ouest, le cèdre de l'Atlas existe au Maroc et en Algérie ; le cèdre du Liban est surtout en Turquie.

Au Maroc, le cèdre de l'Atlas (*Cedrus atlantica*) prospère sous climat semi-aride ou sub-humide et atteint 2 500 m, c'est-à-dire qu'il occupe les étages oroméditerranéen et altiméditerranéen inférieur, autrement dit les niveaux thermiques allant de froid à très froid. Accompagnées du chêne à feuilles rondes, les cédraies hébergent le genêt *Argyrolobium battandieri,* le chèvrefeuille dressé *Lonicera arborea,* le chardon *Ptilostemon dyricola,* la violette *Viola mumbyana.* Dans des conditions climatiques souvent plus humides, le cèdre de l'Atlas a été largement utilisé pour les reboisements en Espagne, en France méditerranéenne.

C'est dans le Taurus turc que se trouvent les plus importants peuplements de cèdre du Liban (*Cedrus libani* ✿, généralement sur calcaires francs, aux étages supra- et oroméditerranéen, en ambiance sub-humide ou humide. Ces cédraies hébergent *Chamaecytisus supinus, Paeonia turcica, Helleborus vesicarius...* Au Liban, le cèdre est généralement associé au sapin (*Abies cilicica* ✿), avec *Acer tauricolum, Sorbus umbellata, Cicerbita candolleana* et une remarquable orchidée : *Comperia comperiana.*

En Afghanistan, il faut monter à 2 500 m pour rencontrer les cédraies à *Cedrus deodara,* qui atteint 3 200 m.

Les sapins, plus diversifiés que les cèdres, forment des peuplements complexes purs ou en mélange avec d'autres conifères ou avec des feuillus, souvent le hêtre. Le sapin blanc (*Abies alba*) ne peut pas être considéré comme oroméditerranéen quoiqu'il croisse avec le hêtre pour former des bois clairs en Calabre. Le sapin du roi Boris (*Abies* x *boris-regii*) possède des exigences et une génétique intermédiaires entre le sapin blanc et le sapin de Céphalonie. Il se rencontre en Grèce du Nord et dans le Péloponnèse, en ambiance humide sur flysch. Trois groupes de sapins véritablement méditerranéens se dispersent autour du bassin : le groupe du Pinsapo, celui du sapin de Céphalonie et le sapin de Cilicie.

Le sapin Pinsapo (*Abies pinsapo* ✿) (carte, p. 12-13), dans sa forme typique, vit exclusivement en Andalousie occidentale, entre Ronda et Ubrique, entre les étages mésoméditerranéen et oroméditerranéen, de 1 000 à 1 800 m, sur calcaires ou sur ophiolites, en ambiance humide ou perhumide. Dans la sierra de Ronda, il forme des bois clairs dégradés par le surpâturage, avec deux vivaces en coussinet : *Bupleurum spinosum* ✿ et *Vella spinosa* ✿, ainsi que la corbeille d'or *Alyssum serpyllifolium.* Le sapin du Rif (*Abies maroccana*) forme un petit peuplement près de Chaouen, au nord du Maroc, en ambiance perhumide, froide, il atteint 2 000 m. En Algérie, dans les Babors, croît difficilement le sapin de Kabylie (*Abies numidica*), vers 1 800 m. Quant au sapin de Sicile (*Abies nebrodensis*), il est représenté par quelques pieds, au mont Madonie, vers 1 500 m.

Avec le sapin de Céphalonie (*Abies cephalonica* ✿) (carte, p. 12-13), on retrouve une essence d'une grande valeur écologique et forestière, car il couvre plus de 300 000 ha. Il est présent au nord du détroit de Corinthe, mais son aire principale se trouve dans le Péloponnèse. Cette essence préfère les calcaires à terra-rossa, entre 800 et 2 100 m, avec un sous-bois du lis *Lilium heldreichii,* du saxifrage *Saxifraga chrysosplenifolia...*

Le sapin de Cilicie (*Abies cilicica* ✿) occupe tout le Taurus entre Antalya et le golfe d'Alexandrette, jusque dans l'Amanus. Cette essence couvre plus de 250 000 ha, entre 1 300 et 2 400 m, en ambiance sub-humide ou humide, avec un sous-bois comprenant, par exemple : *Acer hyrcanum,* l'ombellifère *Leucockia cretica, Campanula psilostachys, Ptilostemon afer* subsp. *eburneus* ✿, la germandrée *Teucrium orientale* ✿. Ces sapinières sont particulièrement bien développées dans la région d'Ermenek-Beysehir.

Deux belles espèces de sapins : *Abies bornmuelleriana* et *A. nordmanniana* occupent les montagnes pontiques du nord de l'Anatolie, sous des climats non méditerranéens.

Signalons, pour terminer, l'épicéa oriental (*Picea orientalis* : photo p. 196) qui forme d'importants peuplements, également sous climat subtropical humide, dans les chaînes du nord de l'Anatolie.

B - Les peuplements préforestiers

On regroupe sous ce terme des types de végétation présentant quelques arbres, et surtout des arbustes épars, avec un tapis de plantes vivaces, ligneuses ou non. La hauteur des végétaux dominants est comprise entre quelques décimètres et 2 à 3 m. Ces types correspondent soit à un climat d'altitude très froid, où l'arbre a du mal à se maintenir, soit à des zones où la forêt a été tellement fragilisée par la pression pastorale que l'arbre a du mal à se reproduire. Ce dernier cas est typiquement dramatique au Maroc. Dans l'ensemble du bassin, les arbustes dominants sont des genévriers, dans l'est et le nord-est, des bouleaux, des Éricacées (Rhododendrons, Myrtilles) ou des Euphorbes, des aulnes dans le nord comme en Calabre (photo p. 193).

1. Les junipéraies

Ce sont les peuplements à genévriers (photo p. 94). Dans les hautes montagnes mésogéennes, trois groupes de genévriers se partagent l'espace tant en longitude qu'en altitude, mais parfois coexistent :

• Les genévriers à aiguilles de plus de 20 mm de longueur et fruits drupacés forment un groupe complexe avec deux principales espèces : le genévrier cade (*Juniperus oxycedrus*), qui n'est pas oroméditerranéen, même s'il dépasse 1 500 m dans le sud, et les types du genévrier commun, avec, notamment, deux formes d'altitude : le genévrier nain (*Juniperus communis* subsp. *alpina* ✻) plus fréquent dans les montagnes du nord (Espagne, Calabre, Sardaigne), et surtout le genévrier hémisphérique (*Juniperus communis* subsp. *hemisphaerica* ✻) qui forme des brousses importantes aux étages oro- et altiméditerranéen depuis l'Andalousie et le Maghreb jusqu'à la Turquie. Par exemple, cet arbuste prostré forme d'importants peuplements dans la Sierra Nevada de Grenade, vers 2 300 m. Ce sont les *sabinares* des auteurs espagnols. Le même genévrier peuple les pentes de l'Ulu Dag turc, en compagnie des airelles.

Remarque : à Tenerife, à l'étage mésoméditerranéen, croît un genévrier proche du cade, *Juniperus cedrus* ✿.

• Les genévriers du groupe *Caryocedrus* (*Juniperus drupacea*) possèdent une grande taille (jusqu'à 20 m de hauteur), des aiguilles et un gros fruit (30 mm) charnu mais à écailles coriaces. Ils sont présents en Grèce du Sud, mais c'est surtout dans le Taurus qu'ils forment des peuplements vers 2 800 m, avec *Berberis crataegyna, Quercus calliprinos,* en compagnie d'autres genévriers du groupe *excelsa*.

• Le groupe le plus complexe des genévriers est celui des formes à très petites feuilles en écailles, qui leur donnent des allures de cyprès pour les espèces dressées ; ils peuvent, dans ce cas, atteindre 20 m. Les fruits sont de fausses drupes et non pas des petits cônes comme pour les véritables cyprès.

– Le genévrier sabine (*Juniperus sabina* ✻) n'est pas une espèce strictement méditerranéenne puisqu'elle existe dans les Alpes centrales ; elle est présente depuis le Maroc jusqu'à la Turquie, mais toutefois absente de Sicile. Ce genévrier forme des fourrés en Sierra Nevada et dans la Sierra de Cazorla vers 2 000 m d'altitude, en ambiance humide.

– Le genévrier rouge (*Juniperus phoenicea* ✿) est présent dans tout le pourtour méditerranéen, en ambiance sub-humide ou semi-aride. Il atteint 2 200 m dans les Atlas marocains.

– Le genévrier thurifère (*Juniperus thurifera* ✿ est un arbuste occidental présent entre le Maroc et la Corse. C'est le seul arbuste important dans l'Anti-Atlas marocain. Dans le Haut-Atlas, il formait des peuplements importants jusqu'à 3 000 m, mais il est terriblement menacé par le broutage et en voie rapide de disparition sur d'importantes surfaces : c'est le "grazing" des auteurs anglo-saxons. En Espagne, le thurifère forme les *sabinares,* notamment dans le nord de l'Andalousie et dans les cordillères celtibères, avec le petit prunier *Prunus prostratus* ✿, l'églantier *Rosa pouzinii*.

– Un groupe oriental complexe de genévriers dressés vit entre la Grèce et l'Iran (photo, p. 196). Il s'agit, par exemple, de *Juniperus foetidissima,* qui croît surtout dans les montagnes du sud de la Grèce (Vardoussia, Parnon), et de *J. excelsa,* au mont Parnasse, en compagnie de *Campanula sphaerothrix, Digitalis lanata* ✿, de la scabieuse épineuse *Morina persica* ✿. Dans l'île de Chypre, *J. foetidissima* forme des peuplements avec *Cotoneaster racemiflorus, Sorbus umbellata, Alyssum troodii, Nepeta troodii,* etc. Ce genévrier est aussi présent en Anatolie centro-orientale où il forme des pré-bois avec un bouleau : *Betula litwinowii.* Enfin, au Liban, des peuplements mixtes, avec *Juniperus foetidissima* et *J. excelsa* abritent *Rhamnus libanotica, Berberis libanotica,* la bulbeuse *Sternbergia clusiana,* et le rare et bel *Iris sofarana,* surtout sur le revers oriental du mont Liban. Ces grands genévriers existent aussi en Iran (Zagros) entre 2 000 et 2 600 m, avec l'aubépine *Crataegus lagenaria,* le sainfoin vivace *Onobrychis cornuta* ✿.

2. Les boisements de cyprès

Dans l'île de Crète, à l'étage oroméditerranéen et un peu au-dessous, les pentes sont peuplées de bois mixtes à cyprès (*Cupressus sempervirens* ✿) et à érable (*Acer sempervirens*), avec un sous-bois de *Berberis cretica, Rhamnus prunifolia, Cyclamen creticum* ✿, *Hypericum empetrifolium* etc. (photo p. 133). À Chypre, le cyprès vit à basse altitude.

3. Les brousses à Rhododendrons des montagnes pontiques

Ces types de végétation ne croissent pas sous les formes montagnardes des climats méditerranéens, mais sous des variantes alticoles des climats subocéaniques ou subtropicaux. Il s'agit de fourrés de 1 à 2 m de hauteur, denses, installés sur des pentes humides, avec des roches généralement volcaniques, croulantes (ophiolites). Les arbustes dominants sont des rhododendrons (*Rhododendron luteum, R. caucasicum* ✿), des euphorbes (*Euphorbia oblongifolia*), des airelles (*Vaccinium arctostaphylos, V. myrtillus*) ou encore des bouleaux nains (*Betula medwediewii*) ; en outre, on peut observer des lis à fleurs jaunes (*Lilium ciliatum, L. monadelphum*) ou une vipérine à grandes feuilles (*Echium orientale*). Le genévrier sabine, déjà cité, peut être présent. Ces brousses riches en espèces sont typiques des chaînes du nord de l'Anatolie orientale.

4. Les autres types : la limite de la végétation arborée

Les trois types de végétation préforestière cités ne sont pas les seuls, mais nous arrivons là à la limite du monde méditerranéen. En effet, les brousses à Rhododendrons n'appartiennent déjà plus à la flore méditerranéenne, et dans les montagnes orientales, par exemple dans l'est de l'Anatolie, on observe des peuplements à peupliers hébergeant de grandes herbes comme des *Centaurea* ou des *Chartolepis* ✿, mais il s'agit d'une végétation installée sous des climats nettement continentaux, avec des précipitations fortes en été. De même, vers le nord, à la limite des climats océaniques ou continentaux, on observe des peuplements à vivaces comme les myrtilles qui nous conduisent à ce qu'on nomme l'étage subalpin. Au Maroc et en Andalousie, le buis (*Buxus sempervirens* ✻) forme des peuplements (*bojedas*) à la limite inférieure de l'étage oroméditerranéen (photo, p. 191). En revanche, dans toutes les montagnes dont le climat est de type oroméditerranéen véritable, au-dessus de 1 600-1 800 m, se développent des peuplements à vivaces bien particulières, de petite taille : les chaméphytes.

C - La végétation à chaméphytes en coussinets

Depuis les Atlas marocains jusqu'au Zagros et même en Afghanistan, à des altitudes qui correspondent à peu près à l'oroméditerranéen, croissent des plantes vivaces dont la hauteur ne dépasse pas 50 cm, épineuses ou non, souvent en forme de coussinets de 30 cm à 1 m de diamètre. Les coussinets ne sont pas jointifs et laissent voir un sol squelettique et des vivaces classiques (hémicryptophytes) ou à rosettes, ou encore des annuelles (thérophytes). Selon la latitude, ces types de végétation croissent entre 1 500 et 2 500 m. Les chaméphytes (en grec, *chamai* = au sol) appartiennent à plusieurs genres, notamment Astragales, Genêts, Lamiacées.

Dans les pays de langue espagnole, ces peuplements portent le nom de *llanos,* ou *lomas* lorsqu'il s'agit de formes basses, ou encore *piornal* pour des formes plus hautes. On observe même des *matorrales* pour les peuplements les plus développés.

Au Teide, dans l'île de Tenerife, les peuplements à chaméphytes hébergent un remarquable genêt (*Spartocytisus supranubius* ✿) à fleurs blanches, un adénocarpe (*Adenocarpus viscosus*), et surtout une vipérine géante (*Echium wildpretii* ✿) qui ne fleurit qu'une fois et atteint alors 3 à 5 m. Ces peuplements sont dépourvus d'épineux, les légumineuses dominent.

Dans les Atlas marocains (photo p. 22), les légumineuses sont aussi très présentes avec des Adénocarpes (*A. anagyrifolius* ✿), des genêts (*Genista pseudopilosa, Cytisus balansae* ✿), une espèce à fleurs

bleues (*Erinacea anthyllis* ✿), mais aussi des Crucifères comme *Vella mairei* ou *Hormatophylla spinosa* ✿. D'autres familles sont représentées, comme les Astéracées, avec des *Artemisia (mesatlantica)*, des immortelles (*Ormenis scariosa* ✿) ou des Caryophyllacées (*Arenaria pungens* ✿). Quelques belles espèces rampantes, comme *Pterocephalus depressus* (une scabieuse) ✿.
En Sierra Nevada et dans les autres sierras d'Andalousie, on retrouve la plupart des genres déjà vus au Maroc, avec, en outre, *Astragalus clusii* ✿, *Cytisus oromediterraneus, Lavandula lanata*. Dans les sierras occidentales ou près du littoral (sierra de Gador, de Tejeda), les ajoncs (*Ulex baeticus, Echinospartum boissieri*) sont communs. Parmi les belles espèces de petite taille, citons le liseron *Convolvulus boissieri*, la Caryophyllée argentée *Cerastium boissieri.*

Les peuplements des cordillères carpétaines sont riches en légumineuses d'assez grande taille (*Echinospartum ibericum* ✿, *Cytisus balansae* subsp. *purgans* ✿, *C. oromediterranea*) et en graminées (*Festuca indigesta*), d'ailleurs présentes aussi plus au sud-ouest.
Localement, notamment dans le haut Segura, le raisin d'ours, *Arctostaphylos uva ursi,* forme des peuplements importants (photo ci-contre).

Plus au nord-est, dans les cordillères celtibères, les affinités septentrionales se font de plus en plus sentir, avec des espèces communes avec la haute Provence, comme le lin *Linum suffruticosum* ✻, le thym *Thymus vulgaris* ✿, en compagnie d'espèces méridionales déjà citées.

Végétation à chaméphytes en coussinets hémisphériques (*Bupleurum spinosum...*)
vers 2 800 m, sur roches acides, Toubkal, Maroc

Peuplement de raisin d'ours (*Arctostaphylos uva-ursi*)
sur le flanc nord de la sierra Sagra, au nord de Granada, vers 2 000 m

De même, en Calabre, on note un mélange d'espèces septentrionales (*Poa alpina* var. *insularis, Astragalus sempervirens* ✻) et méridionales (*Astragalus parnassii* subsp. *calabrus, Sideritis syriaca* ✿), avec quelques belles espèces, comme la campanule *Hedraeanthus graminifolius* ✿. La situation est assez comparable pour les montagnes du nord de la Grèce, avec des types assez différents selon que le substrat est acide, avec une airelle (*Vaccinium myrtillus*), un petit genêt (*Chamaecytisu hirsutus* ✿), ou calcaire, comme en Épire, avec la Labiée *Marrubium thessalum,* les centaurées *Centaurea pindicola, C. epirota* qui participent à une riche flore, ou encore ophiolitique dans le Pinde, avec des espèces spéciales comme les corbeilles d'argent *Bornmuellera tymphaea* ✿, *Peltaria emarginata*. En se déplaçant plus au sud, en Sicile, sur les flancs de l'Etna, on retrouve un cortège d'espèces typiques en coussinets rampants, telles *Astragalus siculus, Genista aetnensis, Adenocarpus bivonae*... Là aussi, les légumineuses dominent.

Il faut atteindre le sud de la Grèce pour retrouver des peuplements à chaméphytes rampants comparables à ceux du Maroc et d'Andalousie, avec toujours beaucoup de Légumineuses, telles *Astragalus cylleneus, A. creticus* subsp. *rumelicus* ✿, etc..., mais aussi des Labiées : *Sideritis syriaca* ✿, *Marrubium velutinum,* et surtout des taxons qui annoncent déjà le Moyen-Orient : des Boraginacées comme *Rindera graeca,* la Dipsacée *Morina persica* ✿, la Caryophyllée *Drypis spinosa* ✿ (présente aussi en Italie), la Plumbaginacée *Acantholimon ulicinum*. En Crète, les influences orientales se précisent avec des espèces comme *Daphne sericea* ✿, *Verbascum spinosum, Teucrium alpestre*... à côté d'espèces plus répandues dans le bassin méditerranéen, comme *Prunus prostratus* ✿, *Euphorbia acanthothamnos*. À Chypre, l'endémisme est maximum, et la plupart des espèces sont spéciales à cette île, comme *Dianthus strictus, Euphorbia cassia* subsp. *rigoi,* les labiées *Salvia willeana, Scutellaria cypria,* etc.

La situation de la Turquie est complexe, car, en plus des peuplements à chaméphytes typiques du Taurus que nous allons aborder, on observe des peuplements correspondant à un climat méditerranéen altéré, comme dans l'Ulu Dag, au sud de Bursa, où l'on trouve côte à côte des espèces méridionales telles que *Astragalus angustifolius, Acantholimon androsaceus* et des espèces septentrionales telles que *Bruckentalia spiculiflora* (une bruyère ✿), *Genista lydia.* Dans les montagnes d'Anatolie centrale et orientale, l'aspect apparent de la végétation, vers 2 000 m, rappelle celle des montagnes méditerranéennes, mais avec des genres d'origine orientale ou au moins liés à un climat continental comme les *Cephalaria,* les curieux *Ebenus* (fiche n° 154), et surtout tout un cortège de campanules de montagne comme *Campanula munzurensis* et d'innombrables *Astragalus* épineuses (plus de 200 espèces de montagne) (photo p. 165).
Le Taurus, entre 1 700 et 2 500 m, sur calcaires, offre la diversité maximale en ce qui concerne la végétation de vivaces, en coussinets ou non. Quelques grandes espèces ligneuses, comme *Cotoneaster nummularia* ✿ ; des vivaces dressées, telles *Euphorbia altissima, E. kotschyana* ✿ ; des chaméphytes en coussinets non épineux, comme *Prunus prostratus* ✿, *Daphne oleoides* ✿ ; des épineux, tels *Ebenus macrophylla* ✿, *Onobrychis cornuta* ✿ ; de nombreux *Astragalus, Acantholimon* (comme *A. acerosum* ✿) ; des formes à rosette comme la belle *Morina persica* ✿ ; des Liliacées comme *Asphodeline taurica* ; enfin, tout un cortège de petites vivaces comme *Pterocephalus pinardii, Scutellaria orientalis* ✿ ; et de nombreuses Centaurées, particulièrement celles du groupe *Psephelloides.* Les Labiées sont très bien représentées par des *Sideritis* et des *Stachys.* Au Liban, la végétation à chaméphytes est comparable à celle du Taurus, avec des espèces spéciales à ce petit pays, comme *Astragalus cedretti, A. lanatus,* etc. et des bulbes comme *Puschkinia scilloides.*

D - Les pelouses d'altitude

Celles-ci ne sont pas rares dans les montagnes méditerranéennes, elles y sont sèches et croissent sur des sols pauvres à des altitudes comparables à celles des peuplements à chaméphytes. Dans les montagnes à climat méditerranéen dégradé, de type continental ou encore subocéanique, il s'agit de pelouses mésophiles.

1. Les prairies à graminées vivaces xérophiles

Entre 1 500 et 2 500 m, des pentes dégradées peuvent être colonisées par de grandes herbes, particulièrement des avoines vivaces (*Helictotrichon*) ou des fétuques. De telles pelouses sèches sont fréquentes dans les Atlas, en Andalousie, mais aussi en Grèce ainsi que dans le Taurus. Elles existent aussi sur les flancs du Teide, avec *Ferula linkii* ✿, des *Bromus.* La grande avoine vivace *Helictotrichon filifolium* aggr. ✿ est présente tant dans l'Atlas qu'en Andalousie calcaire avec des *Koeleria,* des *Festuca,* comme *F. hystrix* : ce sont les *lastonares* des auteurs espagnols. Une autre avoine vivace, *Helictotrichon convolutum,* forme des pelouses en Grèce méridionale en compagnie de *Centranthus junceus* et *Nepeta spruneri,* comme au Gamila (Timfi) (photo ci-contre). La graminée vivace *Achnatherum calamagrostis* est présente en Grèce du Nord et dans les cordillères celtibères, en Espagne. Cette herbe, en compagnie de l'avoine *Helictotrichon sempervirens*, forme des pelouses sèches dans les Pyrénées et en haute Provence ✻. D'autres herbes vivaces comme les *Koeleria* ou les *Sesleria* ✻ présentent quelque importance dans ces pelouses. C'est le cas en Calabre, avec un carex, *Carex macrolepis,* et des vivaces comme *Orchis pauciflora.* Plus à l'est, par exemple dans l'Ulu Dag de Turquie occidentale, apparaissent des genres nouveaux comme l'Ombellifère *Olymposciadium caespitosum,* en compagnie de genres plus classiques : *Minuartia erythrosepala, Gypsophila olympica.* Les pelouses xérophiles du Taurus hébergent des *Bromus*, des *Silene*, des *Nepeta.* Plus à l'est, la distinction entre peuplements à chaméphytes et prairies xérophiles s'estompe, et apparaissent alors des genres vivaces à port de graminée comme *Grammmosciadium pterocarpum* ✿ ou *Scabiosa pseudograminifolia* ✿. On passe alors à des steppes d'altitude (photo, p. 197).

Prairie à *Helictotrichon* et *Ptilostemon* sur éboulis calcaire, Gamila, Grèce, 1 800 m

2. Les prairies mésophiles

Ces prairies hébergent des espèces ne supportant ni la sécheresse, ni la présence d'eau circulante. Elles sont présentes dans la zone du climat méditerranéen, à l'occasion de sols profonds retenant l'humidité, ou de talwegs, ou encore de zones où la neige persiste, mais elles sont évidemment plus développées en limite nord du monde oroméditerranéen, sous climat subocéanique, continental ou pontique. Dans les Atlas marocains ou en Andalousie, les prairies mésophiles sont associées à des cuvettes argileuses qui collectent les eaux pluviales (*lagunas* des sierras espagnoles), avec des genres septentrionaux comme *Trifolium, Plantago, Arrhenatherum* (avoine). Plus au nord, comme en cordillère carpétaine, ces prairies abritent par exemple *Deschampsia flexuosa, Fritillaria lusitanica, Narcissus rupicola.* Dans les cordillères celtibères, les affinités avec les Alpes sont plus nettes, avec *Trifolium pratense, Ononis cristata.* Il en est de même des prairies des montagnes calabraises, avec des espèces connues en France : *Viola calcarata* ✿, *Nardus stricta* *, *Bromus erectus* *, *Meum atamanthicum...* En Grèce du Nord, les prairies sont bien différenciées avec *Geranium subcaulescens, Viola eximia, Astragalus tymprestus* et bien d'autres espèces comme au Timfi. Une partie de ces espèces se retrouve dans les prairies des montagnes du sud de la Grèce et s'enrichissent en thym (*Thymus longicaulis),* en nepeta (*Nepeta nuda*), ou encore en bulbes (*Crocus sieberi*).

Dans les montagnes du nord-est de la Turquie, sous climat beaucoup trop humide pour être oroméditerranéen, les pelouses prennent une floraison extraordinaire, avec des géraniums vivaces, des pédiculaires, des primevères (voir dernière partie des fiches botaniques).

E - La végétation de l'étage altiméditerranéen

Aux altitudes les plus élevées (2 400 m en Andalousie, 2 800 m dans le Haut-Atlas, ou au mont Liban), les plantes capables de résister au froid et au manque de sol sont le plus souvent des vivaces de petite taille qui passent l'hiver (sous la neige, sauf sur les crêtes ventées) à l'état de rosettes, comme les draves (*Draba*) ; à l'état de bulbes, comme des colchiques ; ou sous forme de petits buissons (chaméphytes) dressés comme les astragales ; ou rampants comme les thyms du groupe des serpolets ; ou enfin sous forme d'herbes dures comme les fétuques. Cet étage de végétation est aussi nommé *altimontain*.

Les *Cañadas* occupent les pentes du Teide de Tenerife, vers 2 600 m (photo, p. 189), avec *Nepeta teydeana* ✿, *Erysimum scoparius* ✿ (une giroflée), *Plantago webbii*... Cette liste est très différente de ce que l'on trouve dans les Atlas, où les fétuques (*Festuca maroccana*) et les Légumineuses (*Astragalus boissieri*) sont présentes. Les mêmes genres coexistent sur les hautes pentes de la Sierra Nevada de Grenade avec *Festuca clementei, Astracantha granatensis,* ✿ *Erigeron frigidus* : ce sont les *laderas* des auteurs espagnols. Plus au nord, en sierra de Gredos, à l'ouest de Madrid, sur granite, les formation altiméditerranéennes offrent une armérie (*Armeria bigerrensis*), des fétuques (*Festuca indigesta, F. summilusitanica*), une marguerite (*Leucanthemopsis pallida*).

Plus à l'est, il faut aller au sommet de la partie calme de l'Etna pour trouver des peuplements clairsemés à *Astragalus siculus, Anthemis aetnensis, Adenocarpus vinonii.* Les peuplements du haut Taurus (photos p. 145 et 195) sont extrêmement riches, avec de belles espèces comme *Jurinella moschus* ✿, la sabline vivace *Arenaria ledebouriana* ✿. La végétation des hauts sommets d'Anatolie centro-orientale est faussement altiméditerranéenne, avec des taxons d'origine asiatique : *Acanthomimon, Draba hispida* ✿, *Cotoneaster, Scorzonera sericea*...

Au mont Liban, cette végétation est représentée ; on y observe *Colchicum brachyphyllum*, par exemple.

Remarque : La végétation de type alpin, centroeuropéen ou asiatique.

Dans le cadre de cet ouvrage, seules les montagnes du nord et de l'est de la Turquie nous concernent, mais ces types sont plus développés vers l'est : nord de l'Iran et d'une partie de l'Afghanistan. En Turquie, au-dessus de 2 500 m, les montagnes situées entre Trabzon et la frontière géorgienne portent des pelouses de type alpin, avec des genres bien connus chez nous, mais avec des espèces différentes : des gentianes, des alchémilles, des potentilles, des daphnés, des pédiculaires, des astragales (photo p. 165). Parmi les espèces remarquables, citons : *Gentiana septemfida, Chamaesciadium acaule, Rhododendron caucasicum* ✿, *Arnebia pulchra.* Nous avons également eu l'occasion d'observer des pelouses comparables dans l'est de l'Anatolie (région d'Ardahan).

F - Le peuplement des falaises et des éboulis

Les plantes des rochers, des éboulis offrent des formes souvent très esthétiques, mais, souvent, il s'agit d'espèces rares ou endémiques menacées (comme *Jankaea heldreichii* de Grèce). Les rochers calcaires sont souvent très riches, sans qu'on sache pourquoi. Les karsts constituent des biotopes se rapprochant des rochers, par exemple celui d'Ermenek, dans le Taurus.

1. La végétation rupicole

(photos, p. 42 et p. 194)

La flore rupicole est celle des falaises bien formées ou des blocs de roches dures. La caractéristique de ces milieux est la forte dessiccation, l'absence de sol, l'insolation, et la montée de la température à des niveaux extrêmes au milieu de la journée. Les plantes des roches volcaniques sont fréquentes dans l'île de Tenerife (Teide) comme l'une des classiques plantes grasses : *Greenowia aurea* ✿, mais aussi plusieurs *Sonchus* vivaces à stipe épais et grande rosette comme *S. acaulis* ✿ ; l'île de Chypre possède *Arabis kennedyana*. Les granites et gabbros du Haut-Atlas possèdent *Arabis conringioides* ✿. Dans la sierra de Gredos, à l'ouest de Madrid, les granites, abondants, hébergent par exemple une gueule-de-loup : *Antirrhinum grossii,* ainsi qu'une germandrée : *Teucrium salviastrum*. En Sierra Nevada croît la corbeille d'argent *Hormatophylla purpurea* ✿. Dans les granites du Kachkar (Turquie) s'observent des belles plantes, telle *Campanula aucheri.* Mais c'est dans les falaises calcaires que la flore est à la fois la plus diversifiée et la plus intéressante. Par exemple, dans le Haut-Atlas calcaire croît un grand saxifrage, *Saxifraga gaussenii,* une campanule, *Campanula embergerii* ; dans l'Anti-Atlas pousse le remarquable *Polygala balansae* ✿. Dans les rochers calcaires, outre les campanules et les saxifrages, plusieurs genres prennent un développement important : des Papavéracées comme *Sarcocapnos* (Maroc et Espagne, à moyenne altitude), des Crucifères comme les *Iberis*, les *Aubrieta*, les corbeilles d'or : *Hormatophylla* comme *H. cyclo-*

carpa de Calabre, des Caryophyllacées comme *Arenaria lithops* d'Andalousie ✿ ; des Crassulacées comme les *Rosularia* tels que *R. aizoon* du Taurus, ou des joubarbes, telle *Sempervivum davisi* ✿ d'Anatolie centrale. Parmi les Rosacées, beaucoup de potentilles comme *Potentilla deorum* de Grèce, *P. speciosa* de Crète ; des violettes comme les deux jumelles : *Viola cazorlensis* d'Andalousie ✿ et *Viola delphinantha* de l'Olympe grec ; et aussi *Viola poetica* du Péloponnèse ; des Scrophulariacées, parmi lesquelles des *Verbascum* et des gueules-de-loup comme *Antirrhinum pulverulentum* ✿ de la région de Teruel, des Dipsacacées comme les scabieuses : *Lomelosia crenata* ✿ de Calabre et de Grèce, les *Pterocephalus* répandus depuis le Maroc jusqu'au Taurus ; des Campanulacées comme la grande *Michauxia tchihatchewii* ✿. Enfin, des Astéracées comme les *Anthemis*, des armoises (*Artemisia caucasica*) ✿. Parmi ces plantes nombreuses sont celles cultivées en jardin alpin ou de rocailles.

Végétation de bord de torrent
à la sierra Sagra (Granada, Espagne),
avec le chardon *Cirsium flavispinum*, 1500 m

2. La flore des éboulis

Quoique moins diversifiée que celle des rochers et des falaises, cette flore abrite de remarquables fleurs, comme des violettes : *Viola cheilanthifolia* des pentes du Teide, à Tenerife ; *Viola dyris* ✿, des gabbros et des granites du Toubkal, dans l'Atlas marocain (photo p. 42) ; *Viola crassiuscula* ✿, de la Sierra Nevada ; des fumeterres, tel *Platycapnos rupicola* ; des Caryophyllacées comme les *Drypis* ✿; des campanules comme *Campanula hawkinsiana,* du Pinde (photo, p. 194) ; des Apiacées comme *Sclerochorton junceum,* du Péloponnèse ; des Légumineuses comme le pois chiche *Cicer incisum* ✿, du Taurus. Ces éboulis portent le nom de *pedregales* en Andalousie. La couleur du feuillage des espèces d'éboulis calcaires est presque toujours blanchâtre et l'aspect velouté, fait qui reste inexpliqué. En outre, ces plantes doivent lutter contre le caractère mouvant du milieu, ce qui souvent les oblige à posséder de très longues racines, comme les *Galium.* Du fait de la traduction latine du mot éboulis, beaucoup de plantes de ces milieux sont désignées, au niveau de l'espèce, par l'adjectif *glareosa/sus,* comme la laitue *Prenanthes glareosa,* du Taurus.

G - La végétation des lieux humides

Les plaines méditerranéennes sont réputées pour leur sécheresse estivale, mais, en altitude, les précipitations augmentent, la neige forme des réserves, des névés subsistent en été, et plusieurs milieux sont suffisamment humides pour héberger une flore qualifiée d'hygrophile. Bien entendu, ceci est plus fréquent au nord du 38e parallèle.

1. Les mégaphorbiaies

Ce terme désigne les peuplements à grandes herbes vivaces (1 m et plus), souvent à larges feuilles et à grandes inflorescences, caractéristiques des vallons où l'eau ruisselle tout l'été et où l'humidité atmosphérique est toujours proche de la saturation. Ce type de végétation existe dans le Haut-Atlas, avec le chardon *Cirsium chrysacanthum* ✿ (photo p. 42), le panicaut *Eryngium variifolium,* ainsi qu'en Andalousie (photo ci-contre), avec *Senecio elodes, Cirsium flavispinum*. Ce dernier chardon est relayé par *Cirsium tymphaeum* et *C. appendiculatum* en Grèce. Plus à l'est, coexistent des genres centro-européens comme les *Telekia* ✿ (grande Composée) et des taxons orientaux comme les *Rhynchocorys*, Scrophulariacées qui prennent leur développement en Anatolie. Mais c'est justement en Anatolie centrale et du Nord-Est que les plus belles mégaphorbiaies croissent sous l'humide climat pontique, avec des espèces géantes de doronics (*Doronicum macrolepis*), de céphalaires, d'asters (voir Itinéraire 9).

2. Les prairies et les dépressions humides

Nous voulons parler ici de la végétation herbacée des fonds de vallons ou des pentes douces où, bien que présente dans le sol riche en argile, l'eau n'affleure pas. C'est souvent le cas pour les dépressions karstiques où l'argile de décalcification retient l'humidité (*lagunas* d'Andalousie). De telles dépressions existent aussi dans le Haut-Atlas, avec *Gentiana atlantica, G. boryi* et des espèces connues en France, comme le nard. Les prairies humides analogues portent le nom de *borreguiles* en Sierra Nevada, avec *Trifolium nevadense, Plantago nivalis*, et le nom de *cervunales* en sierra de Gredos, avec *Linaria triornithophora, Campanula herminii*. Plus au nord-est, en Calabre, les influences centro-européennes se font sentir avec la graminée *Alopecurus gerardii*. En Grèce du Nord, une soldanelle, *Soldanella pindicola,* est présente.

3. Les ruisseaux, les torrents et les rochers suintants

Les torrents abritent souvent des genres inhabituels en région méditerranéenne, comme des *Sagina* ; des *Epilobium* des torrents du Haut-Atlas marocain, en compagnie de saules, de carex. Ces types se retrouvent aussi en Andalousie. La benoîte *Geum coccineum* est balkanique. Plusieurs belles espèces croissent en Anatolie, comme l'aster *Aster amellus* subsp. *ibericus.*

Les rochers humides ou suintants portent souvent des plantes grasses, comme, par exemple, les *Monanthes* ✿ ou les *Aichryson* de Tenerife (Canaries). Plus au nord, les saxifrages abondent (*Saxifraga rotundifolia,* en Calabre). Les grassettes sont typiques des rochers suintants, par exemple *Pinguicula vallisnerifolia* d'Andalousie, *P. hirtiflora* du Péloponnèse. À Chypre, bien entendu, les espèces endémiques dominent, avec, par exemple, une laitue : *Cephalorrhynchus cyprinus*.

Il faut noter, dans les milieux humides, même dans les montagnes les plus méridionales, la présence de plantes européennes ou d'origine eurasiatique ; par exemple, les berces (*Heracleum* ✿) des Alpes atteignent l'Atlas, et les myricaires (*Myricaria germanica*) arrivent dans le Kachkar turc.

V - NOTICES BOTANIQUES

Les renseignements portés sur les fiches botaniques, dans la marge, concernent la seule espèce illustrée ; ils indiquent :

1 : le milieu de vie

2 : le nom français ou local, s'il existe

3 : la famille

4 : la date de floraison normale

5 : la répartition (end. = endémique) ;

Seuls les pays ou régions situées au sud du 40e parallèle sont codés ainsi :

Ma = Maroc

Al = Algérie

Hs = Espagne ;

Hs(s) = Andalousie ;

Hs(c) = Cordillère carpétaine, cordillère celtibère

It = Italie ;

It(c) = Apennins centre ;

It(s) = Apennins sud, Sila et Aspromonte

Sa = Sardaigne

Si = Sicile

Gr = Grèce ; Gr(n) = Pinde, Épire, mont Olympe ; Gr(s) = Péloponnèse, mont Parnasse, mont Giona

Cr = Crète

Cy = Chypre

Tu = Turquie

6 : les limites d'altitude où la plante vit

7 : la taille de la plante

8 : le diamètre (D) ou la longueur (L) de la fleur, de l'inflorescence ou du fruit.

ILES CANARIES : TEIDE

Bois de *Pinus canariensis*, sur les pentes sud du Teide

Vilaflor, 1 800 m
(Itinéraire 1)
Ce pin, à aiguilles réunies par trois, est génétiquement proche de *P. roxburghii* d'Himalaya, dans des conditions climatiques assez équivalentes (subtropical). Le sous-bois comporte *Adenocarpus viscosus*, *Asparagus plocamoides*.

1. **Juniperus cedrus** Webb et Berth.

Bois, Fruticées

Bois et fruticées
Genévrier
Cupressaceae
Fl : tte l'année
End. Macaronésie
1 400-2 200 m
2-20 m
D cônes : 10 mm

Ce genévrier ressemble beaucoup au cade de Provence et s'installe dans les peuplements de bruyère arborescente du Teide, mais aussi des autres îles. Il préfère les versants les plus humides. Fiche n° 89, *J. thurifera*.

Photo : Vilaflor, Tenerife, avril 1985.

Bois, Fruticées

2. Chamaecytisus proliferus (L.) Link

Bois, Fruticées
Cytise
Légumineuses
Mars-octobre
End. Canaries
1 000-1 800 m
1-3 m
D : 10-12 mm

Cytise des fourrés alticoles. Le port de cet arbute est celui du romarin, avec des fleurs de genêt blanches. Fiche n° 127, *C. hirsutus*.

Photo : Vilaflor, Tenerife, avril 1985.

3. Sideritis macrostachys Poiret

Bois
Esp : chahorra
Lamiaceae
Mai-juin
End. Ténérife
500-1 000 m
0,5-1 m
D : 8-10 mm

Le genre *Stachys* (épiaire) est représenté aux îles Canaries par plus de 30 espèces, mais la plupart sont des plantes de basse altitude. *S. soluta*, à Tenerife, atteint 2 500 m ; *S. candicans*, de Madère, atteint 1 700 m. Ces espèces possèdent un feuillage densément velu et des fleurs en épis compacts, blanches ou jaune clair. Fiche n° 175, *S. phlomoides*.

Photo : Versant sud du Teide, avril 1985.

4. **Argyranthemum fruticescens** (L.) Sch.Bip.

Bois, Fruticées

Bois, Fruticées
Chrysanthème
Asteraceae
Mars-Juill.
End. Canaries
500-1 000 m
0,5-1 m
D capitules : 30 mm

Ce genre proche des chrysanthèmes contient 23 espèces macaronésiennes (Canaries et Madère). Il s'agit d'arbustes à capitules blancs et feuilles diversement divisées. *Argyranthemum harouarytherum* atteint 2 400 m à la Palma, *A. teneriffae* 2 300 m au Teyde, et *A. pinnatifidum* 1 500 m au centre de l'île de Madère. Ces vivaces sont cultivables en zone méditerranéenne, mais sont peu rustiques et ne supportent pas les sols lourds et l'humidité hivernale.

Photo : Vilaflor (Tenerife), avril 1984.

Bois, Fruticées

5. **Sonchus acaulis** Dum.

Bois, Maquis, Champs de blocs de lave
Laiteron
Asteraceae
Mars-juin
End. Ténérife
1 300-1 600 m
1-1,5 m
D. capitules : 25 mm

Le genre *Sonchus* contient 62 espèces dans le monde, mais la plupart vivent dans le sud-ouest méditerranéen, avec 29 espèces en Macaronésie. *Sonchus tenerrimus,* d'Europe du Sud-ouest, contient des variétés dont le port est comparable aux *Sonchus* canariens, c'est-à-dire avec un stipe lignifié et une tentative de rosette de feuilles de laquelle part une incapitulescence. Ce port particulier s'observe aussi dans d'autres îles, comme *Dendroseris* de Juan Fernandez à l'ouest du Chili. *Sonchus pinnatifidus* est présent dans le sud-ouest du Maroc.

Photo : versant nord du Teide, Tenerife, avril 1985.

6. **Spartocytisus supranubius** (L.) Webb et Berth.

Étage des chaméphytes

Chaméphytes
Genêt
Fabaceae
Juin-Juill.
End. Canaries
1 800-2 300 m
1-3 m
L : 10-12 mm

Petit genre de 2 espèces macaronésiennes, proche des *Genista* vrais ou des *Spartium*. Ce buisson à fleurs blanches et feuillage argenté est caractéristique des *Cañadas* du Teide, sur ses pentes volcaniques ; la plante est aussi présente à la Palma.

Photo : Cañadas del Teide, avril 1985.

Étage des chaméphytes

7. **Echium wildpretii** Pearson ex Hook. Fils

Chaméphytes
Vipérine
Boraginaceae
Juin-Juill.
End. Tenerife
1 600-2 000 m
2-4 m
L inflor. : 1 m

40 espèces de vipérines existent dans le monde, mais plus de 24 sont originaires de Macaronésie, et 4-5 dans le sud-ouest méditerranéen. Les espèces maraconésiennes sont extraordinaires par leurs énormes inflorescences dépassant 15 cm, et celle illustrée ici est la plus spectatulaire. En Turquie orientale croît une vipérine à feuilles très grandes : *E. orientale*. Les espèces macaronésiennes sont souvent cultivées, notamment sur la Côte d'Azur (Antibes). *Echium viresens* atteint 2 000 m, *E. auberianum, E. gentianoides* atteignent 2 200 m. Comme celle illustrée ici, beaucoup d'espèces sont monocarpiques : elles fleurissent et meurent.

Photo : Barranco del Infierno, Tenerife, juillet 1984.

8. **Ferula linkii** Webb.

Étage des chaméphytes

Chaméphytes
Férule
Apiaceae
Avril-Juill.
End. Tenerife
600-2 000 m
2-3 m
D ombelles : 50-60 mm

Genre de 172 espèces bisannuelles dans le monde, dont 47 périméditerranéennes. La plupart sont orientales, avec un centre de gravité en Anatolie (7 espèces) et en Asie occidentale. Le genre proche, *Ferulago,* est également bien représenté en Asie occidentale. L'espèce canarienne croît sur les pentes à blocs volcaniques, en ambiance très humide.

Photo : versant nord du Teide, avril 1985.

Étage supérieur

9. Erysimum scoparius (Brouss.) Wettst.

Étage alticanarien
Giroflée
Brassicaceae
Mai-Juill.
End. Canaries
1 600-2 500 m
D : 10-12 mm

Ce genre de 80 espèces dans le monde, toutes périméditerranéennes, est connu par les giroflées, lesquelles croissent naturellement dans les collines de la Grèce du Sud. Le centre de gravité de ce genre est anatolien, avec 35 taxons en Turquie, 30 en Grèce, 24 en Espagne et 4 en Macaronésie. 10 espèces dans les montagnes de Turquie, exemple : *E. gelidum* de l'est de l'Anatolie, *E. kotschianum* au Taurus. *E. bicolor* pousse à Madère jusqu'à 1 700 m. L'espèce illustrée ici est cultivable sur sol pauvre et sec : elle craint le pourrissement hivernal.

Photo : Cañadas del Teide, avril 1985.

10. Nepeta teydeana Webb et Berth.

Étage alticanarien
Nepeta
Lamiaceae
Juin-Juill.-(Août)
End. Tenerife
2 000-2 500 m et plus
0,5-1 m
D : 4-6 mm

L'une des rares espèces de l'étage alticanarien, équivalent des hauts sommets de l'Atlas ou de la Sierra Nevada. Avec la giroflée, cette espèce vit dans les grands épanchements basaltiques du Teide. Fiche du genre à n° 188, *N. cilicia*.

Photo : Cañadas del Teide, juillet 1984.

11. Descurainia bourgeana
Webb ex O. E. Schulz

Étage supérieur

Étage alticanarien
Sisymbre
Brassicaceae
Mai-Juill.
End. Tenerife
1 800-2 300 m
80-120 cm
D : 8-10 mm

Ce genre proche des sisymbres comporte 55 espèces dans le monde, dont 1 en Afrique du Sud, et surtout 7 espèces macaronésiennes (absent de Madère). Ces espèces vivent sur les épanchements volcaniques et ont la particularité, avec la giroflée, de passer la saison sèche sous forme de buissons jaunis denses.

Photo : Cañadas del Teide, avril 1985.

Rochers

12. Greenowia aurea

(Ch. Sm.) Webb et Berth.

Rochers
Joubarbe
Crassulaceae
Avril-juin
End. Canaries
400-2 000 m
30-50 cm
D : 20-25 mm

Ce petit genre comporte 4 espèces, toutes canariennes, mais il est très proche du vaste genre macaronésien, *Aeonium*, avec 38 espèces (dont 1 au Maroc et 1 autre en Arabie). Les *Greenowia* ressemblent à des joubarbes à grandes feuilles épaisses ; ils vivent sur les volcans, si caractéristiques à Tenerife. Plusieurs espèces d'*Aeonium* sont cultivées.

Photo : La Gomera, avril 1984.

13. **Monanthes laxiflora** (D.C.) Bolle.

Lieux humides

Rochers humides
Sedum
Crassulaceae
Avril-juin
End. Canaries
600-1 400 m
5-10 cm
D : 4-5 cm

Ce genre contient 12 minuscules espèces des îles Canaries et Selvagem. L'espèce illustrée vit typiquement dans les fissures des rochers très suintants, si fréquents dans le basalte, mais ce n'est pas l'espèce la plus montagnarde. *M. brachycaulon* atteint 1 600 m et *M. niphophila* 3 000 m au Teide, à Tenerife. Ces espèces rappellent énormément le petit *Sedum* : *S. surculosum* de l'Atlas (fiche 41).

HAUT-ATLAS MAROCAIN

Massif du Toubkal, vue prise vers le nord, vallée d'Asni

Au-dessus du refuge Neltner, juillet 1999.

(Itinéraire 2)
Le long de l'oued, groupements à *Cirsium chrysacanthum*. Sur les pentes, éboulis à *Bupleurum spinosum, Cirsium dyris*. Au premier plan, rochers de l'étage altiméditerranéen à *Leucanthemopsis atlantica*, 2 800 m.

Anti-Atlas, au sud de Tafraoute, dans des grès, vers 1 600 m
Végétation rupicole à *Polygala balansae, Stachys saxicola, Pancratium* sp.
Cette région présente des affinités botaniques avec la Macaronésie. On a découvert des dragonniers à 20 km de là.

Bois clairs, Junipéraies

14. Juniperus phoenicea L.

Bois, Fruticées
Genévrier rouge
Cupressaceae
Mai-juin
Ma à Tu(w), Sa ;
Cr ; Cy
2 500 m et plus
3-6 m
D cônes : 8-10 mm

Ce genévrier, très commun en France méditerranéenne, notamment en Haute-Provence dans les secteurs sub-humides très ensoleillés, jusqu'à 1 200 m, est aussi typique de l'Atlas marocain, en compagnie du genévrier thurifère et des vivaces en coussinets. Ces conifères sont souvent très malmenés par les troupeaux de chèvres qui provoquent l'apparition d'un port "en diabolo", car les animaux broutent à hauteur de leurs dents ! L'espèce est présente dans tout le bassin, mais c'est dans l'Atlas qu'elle monte le plus.

Photo : Bouches-du-Rhône, France, octobre 1997.

15. Urginea maura Maire

Fruticées
Urginée
Liliaceae
Juin-Juill.
End. Ma
1 500-2 500 m
50-100 cm
D : 10 mm

Ce genre, appelé aussi *Drimia* Jacq., comporte 120 espèces méditerranéennes ou tropicales. Au Maroc, l'espèce est fréquente en compagnie du chêne vert et des genévriers, parmi les blocs volcaniques ou de schiste, ou au bord des champs secs.

Photo : Oukaimedem, juillet 1999.

16. Pterocephalus depressus
Coss. et Balansa

Bois clairs, Junipéraies

Bois clairs
Scabieuse
Dipsacaceae
Juin-Août
End. Maroc
1 800-2 200 m
5-15 cm
D : 5-6 mm

Ce genre contient 25 espèces dans le monde. Il présente un net centre de gravité en Asie du Sud-Ouest, avec 18 espèces dans le bassin méditerranéen. Les autres espèces sont en Himalaya, en Afrique de l'Est (Mozambique et Éthiopie), en Chine de l'Ouest. Parmi les espèces méditerranéennes, plus de 50 % sont anatoliennes. Le genre est aussi présent aux Canaries. L'espèce illustrée est morphologiquement très semblable à *P. spathulatus* d'Andalousie et à *P. pinardii* du Taurus. Ces vivaces sont très esthétiques, mais peu citées comme plantes de rocailles.

Photo : Oukaimedem, juillet 1999.

17. Adenocarpus anagyrifolius
Coss. et Balansa

Végétation à chaméphytes

Végétation
à chaméphytes
Cytise
Légumineuses
Mai-Juill.
Ma
1 200-2 000 m
1-2 m
L : 12-14 mm

Le genre contient 15 espèces, la plupart méditerranéennes, à part quelques espèces des Canaries et d'Afrique de l'Est. Le centre de gravité du genre est en Espagne, avec 7 espèces. *A. anagyrifolius* doit son nom à ses feuilles à 3 folioles qui rappellent celles de l'*Anagyre*, arbuste qui vit dans le sud méditerranéen. Fiche 46 : *A. decorticans*.

Photo : Agadir, Toubkal, Maroc, juillet 1999.

Végétation à chaméphytes

18. Ormenis scariosa (Ball.) Lit. & Maire

Étage des chaméphytes
Santoline
Asteraceae
Juin-Août
Ma
1 200-2 200 m
D capitules : 8-10 mm

Ce petit genre contient 4 espèces du Sud-Ouest méditerranéen, mais il fait partie d'un groupe de genres bien plus important, avec les santolines et autres immortelles. L'espèce marocaine est très commune dans les Atlas, particulièrement en bordure des champs et dans les lits des oueds.

Photo : Aremd, Maroc, juillet 1999.

19. Bupleurum spinosum Gouan

Étage des chaméphytes
Buplèvre
Apiaceae
Mai-Août
Al ; Ma ; Hs(s)
1 800-2 600 m
30-80 cm
D : 2-4 mm

Le genre possède 70 espèces, dont 39 en Europe, quelques-unes aux Canaries, en Afrique du Sud, et 13 espèces de montagnes méditerranéennes. L'espèce illustrée est le prototype des plantes en coussinets épineux si caractéristiques de la haute montagne méditerranéenne.

Photo : Gliz, Maroc, juillet 1999.

20. **Cytisus balansae** (Boiss.) Ball. subsp. **balansae**

Végétation à chaméphytes

Étage des chaméphytes
Cytise
Légumineuses
Mai-Août
Al ; Ma ; Hs(s, c)
1 800-2 200 m
30-60 cm
D : 10-12 mm

33 espèces de cytises véritables existent dans le monde, toutes méditerranéennes. Le centre de dispersion du genre est l'Espagne, avec 20 taxons. Peu d'espèces sont véritablement montagnardes ; celle illustrée ici l'est. *C. balansae* possède 2 sous-espèces : celle d'Afrique du Nord et celle d'Europe : *C. balansae* subsp. *europaeus* (Lopez) Muñoz, qui est le genêt purgatif, commun dans les Cévennes granitiques. Le cytise de Balansa marocain est très commun dans la région du Toubkal.

Photo : col Tizi Oussem, Maroc, juillet 1999.

Végétation à chaméphytes

21. **Salvia taraxacifolia** Hook. fils

Étage des chaméphytes
Sauge
Lamiaceae
Juin-Août
Ma
1 500-2 000 m
10-50 cm
L : 25-30 mm

Le Maroc n'est pas le pays des sauges (voir fiche 208 : *S. coespitosa*), cette espèce est commune au-dessus de 1 500 m, au bord des champs, sur les blocs croulants, toujours non loin des canaux d'irrigation.

Photo : Gliz, Maroc, juillet 1999.

22. **Astracantha granatensis** (Lam.) Podl. subsp. **granatensis**

Étage des chaméphytes
Astragale
Fabaceae
Juin-Juill.
Ma ; Hs(s)
2 200-2 800 m
10-40 cm
L : 20-25 mm

L'une des très nombreuses astragales des montagnes méditerranéennes (voir fiche n° 128, *A. rumelicus*). Cette espèce est également nommée *Astragalus boissieri* Fischer, elle possède des fleurs jaunes, ce qui n'est pas la couleur la plus fréquente (rose ou pourpre). Elle est commune au-dessus de 2 400 m, sur champs de blocs volcaniques, particulièrement à la montée au refuge Neltner.

Photo : Gliz, Maroc, juillet 1999.

23. **Ononis atlantica** Ball.

Végétation à chaméphytes

Ce genre contient entre 75 et 90 espèces, toutes méditerranéennes avec un centre principal au Maroc et en Andalousie et un centre secondaire en Anatolie. Plus de 20 espèces de montagne, par exemple *O. cristata* de haute Provence. L'espèce marocaine préfère les éboulis et les blocs volcaniques de moyenne altitude, dans le domaine des genévriers.

Photo : Tizi Oussem, Maroc, juillet 1999.

Étage des chaméphytes
Bugrane
Fabaceae
Mai-juill.
End. Ma
1 800-2 200 m
50-80 cm
L : 8-10 mm

24. **Catananche coespitosa** Desf.

Le genre contient 5 espèces, toutes méditerranéennes. L'espèce illustrée vit dans les rochers volcaniques ou les champs de blocs de moyenne altitude, son port est très différent de *C. coerulea* de Provence.

Photo : Oukaimedem, Maroc, juillet 1999.

Étage des chaméphytes
Cupidone
Asteraceae
Mai-Août
Tunisie ; Al ; Ma
1 800-2 600 m
5-10 cm
D capitules : 20-25 mm

Pâturages secs

25. Stipa nitens Ball.

Pâturages secs
Stipa
Poaceae
Avril-Juin
Al ; Ma
2 000-2 800 m
50-80 cm
L épillet : 40-50 mm

Ce genre, caractéristique des steppes et autres lieux herbeux, contient 300 espèces des deux hémisphères, avec 42 en Europe, et une dizaine d'espèces de montagne. La plante illustrée ici vit dans les champs de blocs, les éboulis, surtout sur laves ou grès, très commune dans la vallée du Toubkal.

Photo : refuge Neltner, Atlas marocain, juillet 1999.

26. **Eryngium bourgati** Gouan subsp. **hispanicum** Boiss.

Étage altiméditerranéen

Étage altiméditerranéen
Panicaut
Apiaceae
Juin-Août
Ma ; Al ; Hs(s)
2 000-2 500 m
50-80 cm
D ombelles : 20-30 mm

Le genre *Eryngium* contient 230 espèces, surtout du vieux monde tempéré et tropical, mais aussi en Amérique. Une dizaine d'espèces en montagne méditerranéenne, dont 7 en Anatolie où, par exemple, *E. billardii* atteint 3 800 m. Quelques espèces rustiques (-20 °C), comme celle citée, sont cultivables sur sol sec ou bien drainé, au soleil. La sous-espèce illustrée est commune parmi les “pelouses écorchées” de l'Atlas, sur calcaire ou roches acides ; elle est également présente en France (Pyrénées). L'autre sous-espèce est turque.

Photo : refuge Neltner, Toubkal, Maroc, juillet 1999.

Étage
altiméditerranéen

27. **Papaver atlanticum** (Ball.) Coss.

Étage altiméditerranéen
Pavot
Papaveraceae
Juin-Juill.
End Ma
2 000-2 600 m
30-60 cm
D : 30-40 mm

Ce pavot vivace est très proche d'une espèce andalouse, *Papaver rupifragum,* de la sierra de Grazalema. L'espèce atlasique croît sur les champs de blocs de haute altitude, en compagnie des dauphinelles et des œillets (voir plus loin). Fiche 167 : *P. spicatum*.

Photo : Oukaimedem, Maroc, juillet 1999.

Étage altiméditerranéen

28. **Scorzonera coespitosa** Pomel.

Étage altiméditerranéen
Scorzonère
Asteraceae
Juin-Juill.
Al ; Ma
2 200-2 800 m
5-10 cm
D capitule : 20-30 mm

Parmi les 150 espèces de scorzonères du monde, une quarantaine existent en Europe et Asie Mineure, avec plus de 13 espèces de montagne en Anatolie, dont certaines atteignent 3 500 m, comme *Scorzonera rigida* qui ressemble beaucoup à l'espèce illustrée, avec un port en coussinet très rampant et un feuillage argenté.

Photo : Oukaimedem, Maroc, juillet 1999.

29. **Delphinium balansae** Boiss. et Reut.

Étage altiméditerranéen
Pied-d'alouette
Ranunculaceae
Mai-juill.
Al ; Ma
2 000-2 800 m
50-80 cm
L : 30 mm

Ce pied-d'alouette vivace croît à haute altitude dans les champs de blocs de l'Atlas ; il se caractérise par son aspect touffu et ses petites feuilles. Fiche 209 : *D. albiflorum*.

Photo : Oukaimedem, Maroc, juillet 1999.

Étage altiméditerranéen

30. **Dianthus cintranus** Boiss. et Reut. subsp. **occidentalis** (Quézel) Mathez

Étage altiméditerranéen
Œillet
Caryophyllaceae
Mai-juill.
Al ; Ma ; Hs.
la subsp. : end. Ma
2 300-2 800 m
40-70 cm
D : 20-22 mm

Parmi les 300 espèces mondiales d'œillets, 130 sont européennes, le centre de gravité du genre étant l'Eurasie. La région méditerranéenne possède deux centres de développement du genre : l'un en Espagne et le plus important dans les Balkans et en Anatolie, avec plus de 10 espèces de montagne dont certaines atteignent 3 000 m. Beaucoup d'espèces ont un port en coussinet et sont appréciées pour les jardins alpins et de rocaille, à condition de respecter deux conditions : sol bien drainé et exposition au soleil (bas de murs). C'est le cas de *Dianthus subacaulis* d'Espagne et de *D. imereticus* du Caucase.

Photo : Oukaimedem, Maroc, juillet 1999.

31. **Draba oreadum** Maire

Flore des rochers

Rochers
Drave
Brassicaceae
Juin-Juill.
End Ma
2 800-4 000 m
4-10 cm
D : 8-10 mm

Genre de 300 espèces réparties dans le monde, jusqu'en Amérique du Sud, mais le principal centre géographique se trouve en Himalaya, avec plus de 50 espèces (23 au Pakistan). Les espèces anatoliennes atteignent de grandes altitudes : 4 000 m pour *D. kurdica*, au mont Ararat. L'espèce de l'Atlas marocain vit entre les blocs de gabbro du Toubkal, aux plus hautes altitudes, et elle n'a rien à envier aux espèces asiatiques. Ne pas confondre *D. oreadum* Maire avec *D. oreades* Schrank d'Himalaya, à fleurs jaunes. Plusieurs espèces sont appréciées pour les rocailles, comme *D. rigida* du Caucase, à mi-ombre ou au soleil, sur sols basiques. Ces espèces sont esthétiques par leur port en coussinets.

Photo : au-dessus du refuge Neltner, Maroc, juillet 1999.

32. **Trifolium humile** Ball.

Rochers
Trèfle
Fabaceae
Juin-Juill.
End. Ma
2 500-4 000 m
3-6 cm
L : 6-8 mm

Il esiste 238 espèces de trèfles dans le monde, dont 99 en Europe, 135 autour du bassin méditerranéen, mais peu sont particulières aux hautes montagnes méridionales. Cette espèce est proche de *T. thalii* L. des Alpes et de l'Espagne, elle est commune au Toubkal, aux plus hautes altitudes.

Photo : au-dessus du refuge Neltner, Maroc, juillet 1999.

33. **Leucanthemopsis atlantica** (Ball.) Heywood

La fiche de ce petit genre est traitée à *L. pectinata,* n° 53. Ce chrysanthème protré est caractéristique des blocs de gabbro et autres roches acides à haute altitude, dans l'Atlas.

Photo : au-dessus du refuge Neltner, Maroc, juillet 1999.

Rochers
Chrysanthème
Asteraceae
Juin-Juill.
End. Ma
2 800-4 000 m
D capitules :
20-35 mm

34. Arabis conringioides Ball.

Flore des rochers

Rochers
Arabette
Brassicaceae
Mai-Juill.
End. Ma
3 000-4 000 m
5-15 cm
D : 6-8 mm

Les 120 espèces de ce genre sont plus fréquentes dans l'hémisphère Nord tempéré, mais atteignent les montagnes d'Afrique centrale. 40 espèces périméditerranéennes, dont 5 dans les montagnes d'Afrique du Nord. La plante illustrée est l'une des plus alticoles de l'Atlas, sur roches acides. Son nom spécifique indique la ressemblance de ses feuilles avec celles de *Conringia*, autre genre oriental de crucifères. L'espèce illustrée est de petite taille.

Photo : sommet du Toubkal, versant nord, juillet 1999.

Flore des rochers

35. Myosotis atlantica Vestergren

Rochers
Myosotis
Boraginaceae
Mai-Juill.
End. Ma
2 800-4 000 m
5-10 cm
D : 3-4 mm

Beaucoup d'auteurs considèrent que cette plante fait partie du groupe *M. alpestris* *, présent dans presque toutes les montagnes périméditerranéennes, et qui atteint 3 500 m en Anatolie. Le genre *Myosotis* comprent 60 espèces circumméditerranéennes, avec 16 espèces des montagnes turques, dont *M. olympica* qui atteint aussi 4 000 m en Anatolie orientale.

Photo : au-dessus du refuge Neltner, Maroc, juillet 1999.

36. Polygala balansae Cosson

Rochers
Polygala
Polygalaceae
Avril-Juin
Ma, Al
1 000-2 500 m
0,5-1,5 m
L : 20-25 mm

Cette espèce est totalement différente des *Polygala* européens par son port arbustif et ses fleurs rouge vineux. Ce petit arbuste vit dans les falaises de grès et autres roches compactes. Fiche 130, *P. major*.

Photo : au-dessus de Tafraoute, Maroc, 1 500 m, avril 1986.

37. **Cirsium dyris** Jahandiez & Maire

Flore des éboulis

Éboulis
Chardon
Asteraceae
Juin-Août
End. Ma
2 500-3 500 m
60-100 cm
D capitules : 20 mm

Ce chardon est fréquent dans les éboulis formés par les gabbros ou les granites ; il forme des peuplements denses. Par son feuillage argenté, il ressemble beaucoup à des espèces anatoliennes ou encore au chardon pyrénéen : *Cardus carlinoides*. Fiche n° 40, *C. chrysacanthum*.

Photo : montée au Toukal, Maroc, juillet 1999.

Flore des éboulis

38. **Viola dyris** Maire

Éboulis
Pensée
Violaceae
Mai-Juill.
End. Ma
2 800-3 800 m
3-6 cm
D : 8-10 mm

L'une des 400 espèces de violettes du monde, dont quelques espèces atteignent les Andes. 90 espèces existent en Europe, mais le centre de développement des pensées est balkanique, avec la belle *V. poetica* de Grèce. L'Anatolie possède 7 espèces de montagne et la Grèce 13. La Sierra Nevada possède *V. crassiuscula* (fiche n° 59). Plusieurs espèces sont cultivées en rocailles, comme *V. gracilis,* originaire des Balkans.

Photo : en-dessous du sommet du Toubkal, Maroc, juillet 1999.

39. **Linaria lurida** Ball.

Éboulis
Linaire
Scrophulariaceae
Ma, Al
2 600-3 600 m
5-15 cm
L : 12-15 mm

Petite espèce caractéristique des éboulis de gabbro, granite et autres roches acides à haute altitude, son port ressemble à celui de *L. glacialis* de la Sierra Nevada. Comme chez beaucoup de plantes d'éboulis, la tige court très longuement entre et sous les blocs et peut atteindre 50 cm. Fiche 115 : *L. purpurea*.

Photo : montée au Toubkal, Maroc, juillet 1999.

40. Cirsium chrysacanthum
(Ball.) Jahandiez

Lieux humides

Bords des torrents
Chardon
Asteraceae
Juill.-Sept.
End. Ma
1 800-3 000 m
0,8-1 m
D capitule : 12-15 mm

Le genre contient 200 espèces holarctiques, dont 52 autour du bassin méditerranéen. Pour les montagnes, 28 espèces existent en Turquie, avec 14 en Anatolie centrale et 5 en région Est. *Cirsium minutum* atteint 3 200 m dans le Kachkar et *C. ellenbergeri* atteint 3 000 m dans le Bolkar (Taurus). L'espèce illustrée fait partie d'un groupe de chardons des bords des torrents et des dépressions humides, comme *C. flavispinum* d'Andalousie (photo, p. 27). Ces espèces présentent un fort aiguillon jaunâtre au bout des feuilles.

Photo : refuge Neltner, Maroc, juillet 1999.

41. **Sedum surculosum** Cosson

Lieux humides

Torrents
Orpin
Crassulaceae
Juill.-Août
End. Ma
2 400-3 800 m
3-6 cm
D : 4-6 mm

Très intéressante espèce de plante grasse, car elle est génétiquement proche du genre *Monanthes* (fiche n° 13) canarien. Cet orpin possède un aspect très spécial qui le place à part. L'Atlas possède une seconde espèce de montagne : *S. jaccardianum,* sur calcaire.

Photo : montée au Toubkal, Maroc, juillet 1999.

42. Heracleum sphondylium
L. subsp. **montanum** (Schleich.) Briquet

Lieux humides

Torrents
Berce
Apiaceae
Mai-Juill.
Circummédit.
1 800-2 600 m
1-2 m
D ombelles : 130-200 mm

Le monde possède 60 espèces de berces dans l'hémisphère Nord tempéré et les montagnes d'Afrique tropicale. L'Anatolie possède des espèces alticoles, comme *H. pastinaca* qui atteint 2 700 m dans le Taurus (Bolkar). Les berces préfèrent les lieux humides. C'est le cas du groupe *sphondylium* qui possède 3 sous-espèces occidentales, dont celle illustrée qui est commune dans l'Atlas, mais n'est pas particulière au Maroc. Les autres sont caucasiennes.

Photo : Nogueras, Catalogne, juillet 1999.

ANDALOUSIE OCCIDENTALE

Sierra Nevada, vallon de Maitena

Bois à chêne vert (*Quercus rotundifolia*) et chêne des Pyrénées (*Q. pyrenaica*). Sous-bois à *Digitalis obscura, Adenocarpus decorticans*. Étage supraméditerranéen sur schiste à 1 500 m. Au second plan, *lomas* de l'étage oroméditerranéen.

(Itinéraire 3)

43. **Quercus pyrenaica** Willd.

Chênaies d'altitude

Chênaies
Chêne Tauzin
Fagaceae
Avril-Juin
Ma ; Lu ; Hs(s, c)
1 500-2 000 m
4-10 m
D glands :
12-16 mm

Ce chêne présente des feuilles lobées caduques ; il pousse sous un climat sub-humide ou humide, sur des sols plutôt acides. Il vit en mélange avec d'autres essences. En Espagne il est présent du sud (sierras de Grazalema, de Ronda) au centre (Guadarrama, Gredos), jusqu'à la France. Au Portugal, il est présent dans la serra da Estrêla.

Photo : Guadarrama, juin 1974.

44. **Rhamnus myrtifolius** Willkomm

Ce genre comprend 125 espèces dans le monde, avec 44 taxons périméditerranéens, 13 en Espagne et 22 en Turquie dont 9 en montagne. L'espèce illustrée vit dans des chênaies très dégradées à l'étage supraméditerranéen, sur roches basiques. *Rhamnus alpina* subsp. *fallax*, en Grèce et Anatolie, atteint 2 400 m ; *R. libanoticus* atteint 2 800 m dans le Taurus.

Photo : Dalias (Almeria, Espagne), avril 1999.

Chênaies,
fruticées
Rhamnaceae
Mars-Mai
Tu ; Al ; Ma ; Hs(s) ;
Libye
600-1 600 m
0,5-2 m
D : 3-5 mm

Forêts de conifères

45. Abies pinsapo Boissier

Bois de conifères
Pinsapo
Abietaceae
Mai-Juin
End. Hs(s)
1 200-2 000 m
10-25 m
L cône : 10-16 cm

Cette essence andalouse vit dans les provinces de Cadix et de Malaga (sierras de Ronda, Bermeja et d'Ubrique). Ce sapin vit sur calcaires et ophiolites, il est très menacé par les incendies et le pâturage libre qui compromet la régénération. Quatre espèces très semblables au pinsapo sont aussi très menacées : *A. marocana* Trabut, du Rif marocain ; *A. tazaotana* del Vilar, du Rif oriental ; *A. numidica* Carr., des Babors (Algérie) et *A. nebrodensis* Mattei, du Madonie (Nord Sicile). Le pinsapo est très utilisé en arboretum, par exemple dans la forêt de cèdres du Luberon, dans le Vaucluse (carte p. 12-13).

Photo : Serrañia de Ronda (Malaga, Espagne), mai 1991.

46. **Adenocarpus decorticans** Boissier

Végétation à chaméphytes

Étage des chaméphytes
Adénocarpe
Fabaceae
Avril-Juin
Al ; Ma ; Hs(s)
1 200-1 800 m
1-3 m
L : 20-25 mm

Les adénocarpes ressemblent aux genêts, avec des fruits (gousses) recouverts de grosses glandes. 15 espèces de Méditerranée, d'Afrique tropicale et des Canaries existent dans le monde. Il n'y a qu'une espèce anatolienne : le centre de gravité du genre est en Espagne (7 espèces), mais celle illustrée ici est la seule vraiment montagnarde, commune en Sierra Nevada sur schistes frais. Le nom *decorticans* vient de ce que les tiges ont tendance à perdre naturellement leur écorce.

Photo : Trevelez (Sierra Nevada), avril 1999.

47. **Teucrium pseudochamaepitys** L.

Cette germandrée vit dans les bois de chêne vert ou les fourrés plus ou moins clairs, ou bien encore dans les steppes, particulièrement sur gypse. L'espèce est généralement calcicole et très commune dans toutes les montagnes. Cette plante existe en France : au nord de Marseille, où elle est extrêmement menacée par les incendies. Fiche n° 74, *T. gnaphalodes*.

Photo : Calasparra (Murcia, Espagne), avril 1999.

Étage des chaméphytes
Germandrée
Lamiaceae
Avril-Juill.
Tunisie ; Al ; Ma ; Hs(s, c)
500-1 800 m
20-50 cm
L : 15-20 mm

Végétation à chaméphytes

48. Astragalus clusii Boissier

Étage des chaméphytes
Astragale
Fabaceae
Mai-Juill.
End. Hs(s)
1 800-2 600 m
30-80 cm
L : 18-22 mm

L'une des 4 astragales épineuses en coussinets des montagnes andalouses. Cette espèce préfère les sols acides, schisteux, dans l'ambiance du pin sylvestre, et elle est commune en Sierra Nevada. Elle est reconnaissable à ses calices devenant vésiculeux. Fiche n° 128, *A. rumelicus*.

Photo : Puerto de la Ragua (Sierra Nevada), juin 1974.

49. **Anthyllis tejedensis** Boissier

Végétation à chaméphytes

Étage des chaméphytes
Anthyllis
Fabaceae
Mai-Juill.
End. Hs(s)
1 200-2 000 m
20-50 cm
L : 10-12 mm

Si l'on ne compte pas les taxons du groupe *vulneraria*, seulement 20 espèces d'*Anthyllis* existent dans le monde, toutes méditerranéennes. Le centre de gravité du genre est l'Espagne, avec 8 espèces des montagnes du Sud et du Centre. L'espèce illustrée est endémique des sierras de la région de Granada (Tejeda) ; elle est presque rupicole et ne dépasse pas 2 000 m ; elle fait partie d'un groupe d'espèces peu montagnardes, telles *A. polycephala*, *A. onobrychoides*, etc.

En revanche, parmi les 35 sous-espèces d'*Anthyllis vulneraria* existent des taxons des montagnes du Sud-Ouest (comme la subsp. *argyrophylla* = *webbiana*), mais aussi d'Anatolie. Plusieurs de ces taxons dépassent 3 000 m. Certaines espèces sont intéressantes en rocaille, au pied de murs ensoleillés, comme *A. montana* *, *A. aurea,* fiche n° 131.

Photo : sommet de la sierra Tejeda, juillet 1979.

Végétation
à chaméphytes

50. Arenaria grandiflora L.

Étage
des chaméphytes
Sabline
Caryophyllaceae
Mai-Juill.
Al ; Ma ;
Hs(c, s) ; It(s)
500-2 500 m
5-20 cm
D : 15-20 mm

Espèce assez commune en Sierra Nevada, mais présente aussi plus au nord (même en France), assez indifférente au substrat. Fruticées, éboulis, champs de blocs, pelouses écorchées.

Fiche n° 51, *A. pungens*.

Photo : Cerro Pelado (Teruel, Espagne), mai 1999.

Étage altiméditerranéen

51. **Arenaria pungens** Lange

Étage altiméditerranéen
Sabline
Caryophyllaceae
Mai-Août
Ma ; Hs(s)
2 000-3 500 m
10-30 cm
D : 10-12 mm

Cette espèce est le prototype des sablines à port en coussinets. En outre, elle est épineuse et s'installe sur les pelouses écorchées ou les champs de blocs, sur roches acides ; elle est assez commune sur la Sierra Nevada. Parmi les 150 espèces mondiales de sablines, 60 sont mésogéennes et plus de 30 vivent en montagne. Deux centres de gravité existent : en Anatolie, avec un fort taux d'endémisme et des espèces comme *A. ledebouriana,* fiche n° 179 ; et en région occidentale, avec l'espèce illustrée ici. Plusieurs sablines sont utilisées en jardins de rocaille, au pied des murs (ensoleillés), à condition d'avoir un sol bien drainé et léger : *A. montana*, *A. tetraquetra* et *A. cretica* des Balkans.

Photo : refuge Neltner, Maroc, juillet 1999.

52. **Hormatophylla purpurea** (Lag. & Rodr.) Küpfer

Le genre *Hormatophylla* est traité au n° 71, mais l'espèce illustrée est la plus alticole : en Sierra Nevada exclusivement, sur champs de blocs de schistes, au-dessus de la végétation des arbustes. C'est la seule espèce à fleurs roses.

Photo : Mulhacén (Sierra Nevada), juin 1978.

Étage altiméditerranéen
Alysse
Brassicaceae
Juin-Août
End. Hs(s)
2 000-3 000 m
4-10 cm
D : 6-8 mm

Étage altiméditerranéen

53. Leucanthemopsis pectinata

(L.) G. Lopez et Jarvis

Étage altiméditerranéen
Chrysanthème
Asteraceae
Juin-Août
End. Hs(s)
2 000-3 000 m
5-20 cm
D capitules : 30 mm

Ce petit genre contient 12 espèces européennes, plus 2 ou 3 en Afrique du Nord, dont l'espèce illustrée fiche 33 (*L. atlanticum*). Il s'agit d'espèces vivaces génétiquement très proches des *Leucanthemum* (marguerite), genre dans lequel étaient rangées ces espèces autrefois. La marguerite des Alpes (*L. alpina* *) est dans ce groupe. Dans l'ouest de l'Espagne et au Portugal, en plaine, mais aussi en montagne (serra do Geres) existe le genre *Phalacrocarpum*.

Photo : Sierra Nevada (Puerto de la Ragua), juillet 1986.

54. **Reseda complicata** Bory

Étage altiméditerranéen

Étage altiméditerranéen
Réséda
Resedaceae
Mai-Juill.
End. Hs(s)
2 000-3 000 m
20-60 cm
D : 6-8 mm

Des 44 espèces mondiales, trois quarts sont ouest-méditerranéennes et d'Afrique du Nord, régions auxquelles appartiennent les 4 ou 5 seules espèces montagnardes. *Reseda attenuata* atteint 3 000 m dans l'Atlas marocain, l'espèce illustrée ici est endémique de la Sierra Nevada et vit sur les champs d'éboulis du Mulhacén ; la sierra de Gredos possède l'espèce *R. gredensis* qui ressemble à *R. complicata* ; enfin, *Reseda glauca* est pyrénéen. Toutes ces espèces sont glauques et vivaces.

Photo : Veleta, Sierra Nevada, juillet 1979.

Étage altiméditerranéen

55. **Crocus nevadensis** Amo et Campo

Étage altiméditerranen
Crocus
Iridaceae
Février-Avril
Ma ; Hs(s, e)
2 000-2 800 m
5-10 cm
D : 30-35 mm

Parmi les 80 espèces de *Crocus*, dont le centre de gravité est en Méditerranée jusqu'en Chine, peu sont montagnardes : 13 en Anatolie, 7 en Europe. *C. baytopiorum* atteint 3 000 m en Anatolie orientale, comme *C. biflorus* dans le Taurus. Avec *C. speciosus*, lui aussi turc, voilà trois espèces cultivables en rocaille sur sol bien drainé, car ces bulbes ne supportent pas l'humidité hivernale. L'espèce névadienne vit communément dans les fruticées et est commune aux alentours de la station de ski de Granada.

Photo : Solinieve (Sierra Nevada), avril 1999.

56. **Sarcocapnos crassifolia** (Desf.) D.C. subsp. **speciosa** (Boiss.) Rouy

Flore des rochers

Rochers
Fumeterre
Papaveraceae
Avril-Juin
End. Hs(s)
800-2 500 m
5-15 cm
L : 18-20 mm

Ces plantes, toutes rupicoles, ne sont pas très alticoles mais sont hautement caractéristiques des massifs de l'Ouest méditerranéen : 6 taxons entre le Maroc et la Catalogne. Le port est toujours semblable à l'espèce illustrée, seules les feuilles (entières ou foliolées) et la longueur de l'éperon floral font la différence. À côté de ces plantes rupicoles, il faut placer une espèce typique des éboulis calcaires de haute altitude : *Platycapnos saxicola* d'Andalousie et de l'Atlas marocain.

Photo : Monachil (Granada), mai 1982.

57. **Biscutella fruticescens** Cosson

40 espèces de *Biscutella* dans le monde, mais la plupart appartiennent à l'espèce collective *B. laevigata* * qui contient les taxons les plus alticoles, comme *B. glacialis* : 3 400 m, c'est-à-dire jusqu'au sommet du Mulhacén. En revanche, l'espèce illustrée ici est bien différente, pas très alticole, mais très esthétique et caractéristique des rochers des moyennes montagnes du Sud-Ouest méditerranéen.

Photo : Ventas de Zafarraya (Malaga), avril 1999.

Rochers
Lunetière
Brassicaceae
Mars-Juin
Al ; Ma ; Hs(s)
400-1 500 m
0,5-0,8 m
D : 6-8 mm

Flore des rochers

Rochers
Anthyllis
Fabaceae
Mai-Juill.
Al ; Ma ; Hs(s)
500-1 500 m
30-50 cm
D glomérules :
20-30 mm

58. **Anthyllis polycephala** Desf.

En Andalousie, cette espèce rupicole ne dépasse pas Malaga vers l'est. Elle fait partie du groupe *A. tejedensis* (fiche n° 49).

Photo : Casares (Cadix), avril 1983.

59. **Viola crassiuscula** Bory

Cette pensée ressemble à *V. dyris* (fiche n° 38), et l'écologie de ces deux espèces est semblable : il s'agit de convergence adaptative. Comme on le voit aux différentes illustrations, les espèces d'éboulis présentent un feuillage argenté. C'est la pensée de la Sierra Nevada.

Photo : Mulhacén (Granada), juillet 1975.

Flore des éboulis

Éboulis
Pensée
Violaceae
Juin-Août
End. Hs(s)
2 000-3 000 m
5-10 cm
D : 8-10 mm

Lieux humides

60. **Plantago nivalis** Boissier

Prairies humides
Plantain
Plantaginaceae
Juin-Août
End. Hs(s)
2 000-2 800 m
5-12 cm
D inflorescence : 6-8 mm

Plus de 1/5 des 250 espèces mondiales de plantain sont méditerranéennes, surtout de l'ouest, mais peu sont véritablement montagnardes : l'espèce illustrée est endémique de la Sierra Nevada. *P. atrata* atteint 3 000 m en Turquie, *P. webbii* vit sur les flancs du Teide, à Tenerife.

Photo : Mulhacén (Granada), juillet 1975.

61. **Colchicum triphyllum** G. Kuntze

Lieux humides
Colchique
Liliaceae
Févr.-Avril
Ma ; Hs(s) ; Gr(s) ; Tu ; Caucase
1 000-2 500 m
5-15 cm
D : 30-40 mm

Le colchique illustré ici présente l'originalité de vivre dans l'ouest et l'est du bassin méditerranéen. Le genre *Colchicum* possède 65 espèces d'Europe et d'Asie, surtout centrale. En Anatolie, 7 espèces sont montagnardes, telle *C. szovitsii* qui atteint 3 200 m. Plusieurs espèces sont horticoles, comme *C. speciosum,* du Kurdistan et d'Iran, qui fleurit, comme beaucoup de colchiques, en automne.

Photo : route de Grenade, Solinieve, mars 1972.

ANDALOUSIE ORIENTALE

Bois de *Pinus clusiana* sur lapiaz, en sierra de Cazorla, rio Borosa, 1 600 m
Sous-bois de *Berberis hispanica*, *Cytisus reverchonii*.

(Itinéraire 4)

Chênaies d'altitude

62. **Paeonia coriacea** Boissier

Le genre *Paeonia* possède 33 espèces dont 20 en zone méditerranéenne, mais très peu sont nettement montagnardes. L'espèce illustrée est proche de *P. mascula* (L) Miller, elle est assez fréquente dans les bois de l'étage oroméditerranéen dans les sierras de Cazorla et de Segura, sur sols calcaires. La plupart des espèces cultivées ne sont pas méditerranéennes, mais viennent des montagnes d'Asie orientale.

Photo : Loja/Malaga, mai 1991.

Chênaies
Pivoine
Paeoniaceae
Mai-Juin
Hs(s, c) ; Sa
1 000-1 800 m
0,5-1 m
D : 50-70 mm

63. **Daphne laureola** L.

Cette espèce de daphné est présente en France, notamment en Provence, mais en Andalousie, c'est la variété *latifolia* Coss., endémique qui vit dans les bois de feuillus des étages supra- et oroméditerranéen, sur calcaire. Plante fréquente autour de Cazorla et à la Sagra, à l'est de Grenade.

Photo : Sainte-Baume (B-du-R), France, mars 1999.

Bois (Chênaies)
Daphné
Thymelaeaceae
Févr.-Mai
Al ; Ma ;
Hs(s, c) ;
It(c, s) ; Si
1 000-1 800 m
50-70 cm
D : 5-7 mm

64. Arctostaphylos uva-ursi (L.) Sprengel

Le raisin d'ours n'est pas particulier aux seules montagnes mésogéennes, toutefois la variété *crassifolius* Br.-Bl. est plus méridionale. Cette plante forme des peuplements denses sur les pentes des montagnes calcaires au-dessus ou dans les pinèdes de pin *clusiana*, par exemple à la sierra Sagra, dans l'est de la province de Granada, vers 2 000 m.

Photo : Hautes-Alpes, France, mai 1996.

Pinèdes

Pinèdes,
Fruticées
Raisin d'ours
Ericaceae
Mai-Juin
Hs(s, c) ; It(c) ; Gr(n)
1 200-2 200 m
5-15 cm
D : 7-8 mm

65. Digitalis obscura L.

Cette digitale à fleurs orangées, assez petites, est caractéristique des chênaies, et surtout des pinèdes aux étages supra- et oroméditerranéen sur calcaire, particulièrement dans les sierras de la province de Granada (Cazorla, Segura, Sagra). Fiche n° 169, *D. ferruginea*.

Photo : Segura, Espagne, juin 1973.

Pinèdes
Digitale
Scrophulariaceae
Mai-Juill.
Ma ; Hs(s, c)
1 000-1 800 m
50-80 cm
D : 10-12 mm

Pinèdes

66. Phlomis lychnitis L.

Pinèdes,
Fruticées
Phlomis
Lamiaceae
Avril-Juill.
Hs (s, c)
100-1 800 m
30-60 cm
L : 25-30 mm

Cette plante existe en France (Languedoc, jusque dans le Var), mais elle est tout à fait typique des basses montagnes d'Andalousie calcaire, aux étages du chêne à feuilles rondes et du pin noir (*clusiana*). Elle est partout présente au-dessus de 1 000 m dans les sierras de Cazorla et Segura. D'une manière générale, le genre *Phlomis* contient 100 espèces de la Méditerranée à la Chine, avec un petit centre de gravité au Maroc, et son centre principal en Anatolie et Asie Mineure. Parmi les 12 espèces de montagnes de Turquie et de Grèce, citons *P. armeniaca* qui atteint 2 400 m en Anatolie. Ces espèces sont utilisables en rocaille, sur sol bien drainé, elles sont assez rustiques et supportent -10 °C.

Photo : Calasparra, Murcia, Espagne, avril 1999.

67. **Iris** cf. **filifolia** Boiss.

Pinèdes

Pinèdes sèches
Iris
Iridaceae
Avril-Juin
Ma ; Hs(s, c)
800-1 800 m
50-80 cm
D : 50-60 mm

Le genre *Iris* comprend 300 espèces de l'hémisphère Nord tempéré, avec un centre de gravité bien net en Asie, surtout centrale, où des espèces montagnardes sont réputées pour leurs aptitudes horticoles comme *I. histrioides*, *I. pseudocaucasica*. En zone mésogéenne, c'est surtout en Anatolie que l'on observe les espèces les plus nombreuses de montagne, comme *I. paradoxa* qui atteint 2 800 m. Le groupe *Xiphion,* auquel appartient le taxon illustré, est complexe, centré sur l'Afrique du Nord, l'Espagne, et même la France, avec *Iris latifolia,* des Pyrénées.

Photo : Villalba, Cuenca, Espagne, mai 1999.

Végétation à chaméphytes

68. Vella spinosa Boissier

Étage des chaméphytes
Vella
Brassicaceae
Mai-Juill.
Ma ; Hs(s)
1 500-2 500 m
40-60 cm
D : 10-12 mm

Ce petit genre contient moins de 7 taxons, dont 5 au Maroc : c'est un genre occidental par excellence, et l'espèce illustrée ici est très caractéristique des plantes vivaces de petite taille en coussinets, épineux (chaméphytes), semblables aux érinacées ou aux astragales.

Cette plante est indifférente au substrat, on la trouve en Sierra Nevada schisteuse, mais elle est encore plus commune à l'étage oroméditerranéen des sierras calcaires (Cazorla, Sagra).

Photo : Sierra Sagra (province de Granada), juillet 1980.

69. Erinacea anthyllis Link

Étage des chaméphytes
Érinacée
Fabaceae
Avril-Juin (Juill.)
Tunisie ; Al ; Ma ; Hs(s, c, n)
1 000-2 500 m
40-80 cm
L : 20-25 mm

Le genre ne contient que cette espèce, qui est un chaméphyte en coussinet très typique des montagnes méditerranéennes, aux étages oro- et altiméditerranéen. Indifférente au substrat, mais plus commune sur calcaire, en compagnie des pins noirs ou sylvestres. Peut se cultiver en rocaille (carte p. 12-13).

Photo : Sierra de Teruel, Espagne, mai 1999.

70. **Salvia lavandulifolia** Vahl.

ANDALOUSIE ORIENTALE

Végétation à chaméphytes

Étage des chaméphytes
Sauge à feuilles de lavande
Lamiaceae
Avril-Juill.
Al ; Ma ;
Hs(s, c, n)
600-2 000 m
0,5-1 m
L : 20-30 mm

Les sauges forment un vaste genre de 900 espèces, nombreuses en mésogée (170 taxons) mais aussi présentes en Afrique et en Amérique. L'Anatolie constitue un centre de diversité important, avec une trentaine d'espèces montagnardes (voir fiche n° 208). Les sauges de Méditerranée occidentale forment un petit groupe de 4 à 6 espèces de montagne, comme *Salvia phlomoides*, d'Andalousie, mais ce ne sont pas des plantes très alticoles à la différence de celles d'Orient. Plusieurs espèces sont cultivables en lieu ensoleillé, sur sol drainé, comme *Salvia multicaulis*, *S. coespitosa*. Quant à l'espèce illustrée ici, elle est commune dans les bois et les fruticées des étages supra- et oroméditerranéen, voire plus haut. Elle préfère les sols calcaires.

Photo : Sierra de Teruel, Espagne, mai 1999.

Végétation à chaméphytes

71. Hormatophylla spinosa (L.) Küpfer

Étage des chaméphytes
Corbeille d'argent
Brassicaceae
Avril-Juill.
Al ; Ma ; Hs(s, c, n)
600-2 600 m
40-80 cm
D : 8-10 mm

Ce genre fait partie du groupe des alysses vivaces, qui a longtemps été rangé dans le genre *Ptilotrichum* Boissier. Il s'agit de chaméphytes à fleurs blanches, rarement roses (fiche n° 52), à feuillage argenté, épineux ou non. Les alysses se distribuent en deux centres de gravité : l'un, occidental, centré sur l'Espagne, avec le très rare *H. pyrenaica,* de Catalogne (*Fleurs du Midi,* Édisud, 1995), avec 5 ou 6 taxons montagnards ; l'autre, avec les genres *Aurinia* et *Bornmuelleria* (n° 132), de plus de 15 taxons montagnards, comme *Aurinia rupestris, Alyssum aizoides* qui dépassent 2 800 m en Anatolie du Nord-Est. L'espèce illustrée est épineuse et croît entre les étages supra- et altiméditerranéen, généralement sur calcaire. Commune dans les sierras de la province de Granada, elle atteint la région de Toulon (Var). Plusieurs de ces plantes sont appréciées pour les rocailles, au soleil, sur sol bien drainé.

Photo : Sierra de Cuenca, Espagne, mai 1999.

72. Onobrychis stenorhiza D.C.

Végétation à chaméphytes

Étage
des chaméphytes
Sainfoin vivace
Fabaceae
Avril-Juin
Hs(s, c)
1 000-1 700 m
10-30 cm
L : 12-14 mm

L'un des rares sainfoins occidentaux de montagne, car le centre de gravité du genre est oriental (n° 183). L'espèce illustrée vit sur calcaire, dans les montagnes d'Andalousie orientale et plus au nord, notamment les sierras de Cazorla, Segura.

Photo : Sierra de Guillimona, Espagne, juin 1993.

73. Helianthemum pannosum Boissier

Le genre *Helianthemum,* au sens strict, avec 31 espèces, est complètement mésogéen et son centre de gravité est occidental, surtout espagnol. Quelques espèces sont anatoliennes. L'espèce contient deux sous-espèces, le type en Sierra Nevada et la sous-espèce *frigidulum* Cuatrecasas, de la sierra Magina, photographiée, parmi les chaméphytes sur calcaire, à l'étage oroméditerranéen.

Photo : Province de Jaén, Espagne, juin 1982.

Étage
des chaméphytes
Helianthème
Cistaceae
Mai-Juin
End. Hs(s)
1 400-2 000 m
5-25 cm
D : 8-12 mm

Végétation à chaméphytes

74. **Teucrium gnaphalodes** L'Héritier

Étage des chaméphytes
Germandrée
Lamiaceae
Mars-Juill.
End. Hs(s, c)
500-2 000 m
5-15 cm
D glomérules : 10-15 mm

Beaucoup de botanistes classent l'espèce illustrée dans le groupe *Teucrium polium* L., présent en France. Elle est fréquente en moyenne montagne, sur calcaire, quelquefois sur gypse, en des lieux dégradés, ensoleillés. Le genre *Teucrium* contient plus de 200 taxons, tous mésogéens, dont le centre de gravité est la péninsule ibérique (ensemble, l'Espagne et le Maroc possèdent plus de 60 % des taxons). Les espèces montagnardes sont occidentales et font partie du groupe *Polium,* par exemple *Teucrium buxifolium*, fiche n° 85.

Photo : Calasparra, Murcia, Espagne, mai 1999.

75. **Centaurea lingulata** Lagasca

Étage des chaméphytes
Centaurée
Asteraceae
Mai-Juill.
Al ; Ma ; Hs(s, c)
1 000-2 200 m
5-30 cm
D capitules : 35-40 mm

Cette belle espèce vivace fait partie, selon les botanistes, soit du groupe *montana,* européen, soit du groupe *triumfetti,* plus mésogéen ; or, ces deux groupes sont présents en France. Par exemple, certains taxons, comme *Centaurea 'ceuzeana'* existent dans les Alpes du Sud. L'espèce illustrée est fréquente dans les fruticées et les pelouses sur calcaire, particulièrement dans les sierras de la province de Granada (Cazorla, Segura). Fiche n° 180 : *C. mucronifera*.

Photo : Sierra de Teruel, Espagne, mai 1999.

76. Helictotrichon filifolium
(Lagasca) Henrard

Pâturages secs

Pâturages secs
Avoine
Poaceae
Mai-Juill.
Ma ; Hs(s)
1 000-2 200 m
1-1,5 m
L épillet :
50-60 mm

Dans le monde, ce genre possède 60 espèces de l'hémisphère Nord et d'Afrique australe. Celles des montagnes mésogéennes ne sont pas plus de 6, avec *H. convolutum,* en Grèce. Il s'agit d'avoines vivaces de grande taille, formant des grosses touffes sur les pentes érodées, le plus souvent calcaires. L'espèce illustrée est extrêmement fréquente dans les sierras au nord-est de Granada.

Photo : Sierra Sagra, Espagne, juillet 1980.

77. Antirrhinum hispanicum Chav. subsp. mollissimum (Rothm.) D. A. Webb.

L'espèce comprend deux sous-espèces : subsp. *hispanicum,* qui se développe dans les sierras d'Andalousie orientale et de la Mancha, et la sous-espèce illustrée, qui se distribue plus à l'ouest. Ces gueules-de-loup font partie d'un groupe traité au n° 99.

Photo : Dalias, province d'Almeria, Espagne, avril 1999.

Rochers
Gueule-de-loup
Scrophulariaceae
Avril-Juin
Ma ; Hs(s)
600-1 600 m
40-80 cm
L : 25-30 mm

Flore des rochers

78. Antirrhinum barrelieri Boreau

Autre gueule-de-loup vivace, à feuillage tomenteux et feuilles arrondies. L'espèce illustrée ici possède des feuilles de plus de 30 mm de longueur, alors que celles de *A. mollissimum* sont plus courtes, plus larges et nettement visqueuses. Fiche n° 99.

Photo : Villalba, Cuenca, Espagne, mai 1999.

Rochers
Gueule-de-loup
Scrophulariaceae
Mai-Juin
Ma ; Hs(s, c)
800-1 800 m
40-100 cm
L : 30-35 mm

79. Campanula mollis L.

Rochers
Campanule
Campanulaceae
Mai-Juill.
Al ; Ma ; Hs(s)
1 000-1 800 m
10-30 cm
D : 20-22 mm

Les campanules rupicoles (de rocher) sont très nombreuses, notamment dans les Balkans (fiche n° 222). L'espèce illustrée est fréquente dans les falaises de l'étage supra- et oroméditerranéen des sierras d'Andalousie calcaire et orientale, particulièrement autour de Cazorla. L'espèce se reconnaît à son feuillage duveteux, comme pour nombre d'espèces rupicoles.

Photo : La Sagra, Province de Granada, Espagne, juillet 1982.

Flore des rochers

80. Hypericum ericoides L.

Rochers
Millepertuis
Hypericaceae
Mai-Juill.
Libye ; Al ; Ma ; Hs(s)
800-1 800 m
5-15 cm
D : 18-20 mm

Cette espèce peut se rencontrer à côté de la précédente, c'est dire que ce millepertuis est typique des sierras calcaires, à la manière d'*Hypericum coris* * de haute Provence. Cette espèce doit son nom à la ressemblance de ses feuilles avec celles de certaines bruyères, comme pour d'autres espèces de millepertuis de Grèce. D'ailleurs, la plupart des millepertuis de montagne sont anatoliens : fiche n° 211.

Photo : La Sagra, Granada, Espagne, juillet 1980.

81. Viola cazorlensis Gandoger

Rochers
Pensée
Violaceae
Mai-Juin
End. Hs(s)
1 300-2 000 m
10-15 cm
D : 25 mm

Deux espèces jumelles de pensées vivent aux extrémités du bassin : celle illustrée et *V. delphinantha,* du mont Olympe de Thessalie. Les deux possèdent un grand éperon floral, des feuilles divisées en folioles fins et une écologie comparable (calcicoles). La fiche est n° 38 *V. dyris.*

Photo : Sierra Magina, Jaén, Espagne, mai 1982.

Flore des rochers

82. **Arenaria lithops** Heywood

Rochers
Sabline
Caryophyllaceae
Juin-Juill.
End. Hs(s)
1 800-2 200 m
3-10 cm
D : 5-6 mm

Cette espèce calcicole très prostrée est aussi nommée *A. alfacariensis*, du nom de la sierra d'Alfacar, au nord de Granada. Cette sabline ressemble un peu à *Minuartia sedoides,* des Alpes, par sa petite taille et ses feuilles imbriquées. Fiche n° 51, *A. pungens* (carte p. 12-13).

Photo : Cazorla, Granada, juin 1982.

83. **Linaria aeruginosa** (Gouan) Cav.

Rochers
Linaire
Scrophulariacee
Avril-Juill.
Al ; Ma ; Hs(s, c)
1 000-2 000 m
10-30 cm
L : 30 mm

Pour certaines auteurs, comme O. de Bolos, cette linaire fait partie du groupe *L. supina* L., présente en France. L'espèce illustrée vit souvent sur les lapiaz ou dans les fissures calcaires en Andalousie occidentale mais surtout orientale. D'autres linaires rupicoles vivent dans ces régions, comme *L. lilacina*. C'est la couleur des fleurs qui caractérise cette espèce de moyenne montagne. Fiche n° 115, *L. purpurea.*

Photo : Sierra Tejeda, Malaga, Espagne, avril 1999.

Flore des rochers

84. **Draba hispanica** Boissier

Rochers
Drave
Brassicaceae
Mars-Mai
Tunisie ; Al ; Ma ; Hs(s, c)
1 000-1 800 m
5-10 cm
D : 15-18 mm

Cette petite drave calcicole, rupicole, vivace à rosette, fait partie d'un groupe d'espèces proches, comme *D. aizoides*, de France, *D. dedeana,* des sierras du centre-est de l'Espagne, et *D. oreadum* (fiche n° 31), du Maroc.

Photo : Siles, Albacete, Espagne, avril 1972.

85. **Teucrium buxifolium** Schreber

Rochers
Germandrée
Lamiaceae
Avril-Juill.
Al ; Hs(s, c)
500-1 800 m
5-10 cm
D : 6-8 mm

Cette espèce est l'une des plus montagnardes d'un groupe de germandrées prostrées plus ou moins rupicoles et calcicoles de l'ouest du bassin méditerranéen. L'espèce illustrée préfère les balmes et les fissures ombragées, dans l'ambiance des chênaies et des pinèdes des sierras d'Andalousie. Fiche n° 74, *T. gnaphalodes.*

Photo : Sierra Segura, Albacete, Espagne, juin 1974.

SIERRAS D'ESPAGNE CENTRALE ET ORIENTALE

Végétation préforestière à *Juniperus sabina*, à l'étage oroméditerranéen sur calcaire

Parmi les genévriers, *Erinacea anthyllis* : les coussinets à fleurs roses, *Hormatophylla lapeyrousiana*, *Euphorbia flavicoma*. Au second plan : genévrier commun et pin sylvestre.

Cuarto Pelado, 1 600 m, sierra de Gudar, Province de Teruel

(Itinéraire 5)

86. Quercus faginea Lamark

Chênaies
Chêne à feuilles de hêtre, Quejigo
Fagaceae
Mars-Mai
Al. Ma ; Hs(s, c)
600-2 000 m
5-15 m
D gland : 12-15 mm

600 espèces de chênes occupent l'hémisphère Nord et franchissent l'Équateur en montagne. En Mésogée, 33 à 35 taxons se distribuent, avec deux centres à peu près équilibrés : l'un en Anatolie, l'autre en Espagne où l'espèce illustrée possède des feuilles caduques et vit communément en moyenne montagne. Ce chêne porte pour certains les noms de *Quercus lusitanica* et de *Q. alpestris* Boissier, pour des formes de haute altitude où il prend une curieuse allure prostrée. En Afrique du Nord, il est présent sous le nom de *Q. afares* Pomel.

Photo : Cuenca, Espagne, mai 1999.

87. Allium scorzonerifolium Desf. ex D.C.

Cet ail, l'un des rares à fleurs jaunes, porte aussi le nom de *A. stramineum* B. et R. Il préfère les bois clairs, secs, et les garrigues d'altitude jusqu'en sierra de Gredos et serra da Estrêla au Portugal. Cette espèce est donc indifférente à la chimie du sol. Fiche 101 : *A. moly*.

Photo : Cuenca, Espagne, mai 1999.

Chênaies
Ail
Liliaceae
Mai-Juin
End. Hs(w, e)
500-1 500 m
14-35 cm
D : 20-25 mm

Pinèdes

88. Berberis seroi O. de Bolos & Vigo

Pinèdes, Chênaies
Épine vinette
Berberidaceae
Mars-Mai
End. Hs(c)
600-1 800 m
1-3 m
D : 15-18 mm

Le genre contient 450 espèces de l'hémisphère Nord et des montagnes intertropicales, avec un net centre en Asie de l'Est. 7 espèces sont présentes dans le bassin méditerranéen : 4 en Anatolie et 3 en Espagne, du groupe *Berberis vulgaris* L. Ces trois espèces sont très proches, celle illustrée présente des feuilles entières à 1-9 dents faibles et irrégulières.

Photo : Cuenca, Espagne, mai 1999.

Junipéraies

89. Juniperus thurifera L.

Végétation préforestière
Thurifère
Cupressaceae
Mars-Mai
Al ; Ma ; Hs(s, c, n)
900-2 300 m
2-20 m
D galbules : 8-12 mm

50 espèces de genévriers existent dans le monde, mais peu sont typiques des montagnes méditerranéennes (8 ou 9, voir texte initial). Le thurifère sort largement de l'Espagne puisqu'il forme des peuplements importants dans les Atlas du Maroc, là où les troupeaux ne sont pas en train de l'éliminer, ainsi qu'en France (Pyrénées, Haute Provence et Corse). En Aragón, ce genévrier peuple les hauts plateaux des sierras de Teruel et de Javalambre, sur calcaire, en compagnie du genévrier de Phénicie (fiche n° 14).

Photo : Teruel, Espagne, mai 1999.

90. Thalictrum tuberosum L.

Les pigamons sont au nombre de 85 dans le monde, surtout de l'hémisphère Nord (et d'Amérique du Sud ainsi que d'Afrique australe). Les espèces des montagnes européennes sont surtout alpines : *T. alpinum* existe en Sierra Nevada vers 2 500 m. Le pigamon illustré est peu montagnard : en Aragón, il ne dépasse pas 1 700 m ; il est commun dans les bois de thurifère à Javalambre et Gudar, où ses grandes fleurs se remarquent de loin.

Photo : Teruel, Espagne, mai 1999.

Junipéraies

Junipéraies
Pigamon
Ranunculaceae
Avril-Juill.
End. Hs(c, n)
500-1 700 m
20-60 cm
D : 35-40 mm

91. Echinospartum ibericum Rivaz-Martinez et coll.

Le genre *Echinospartum* comprend 5 taxons d'Espagne et du Portugal, *E. boissieri* vit en Andalousie, *E. horridum* est pyrénéen. L'espèce illustrée vit à la latitude de Madrid, sur schistes ou granites, à l'étage oroméditerranéen. Il s'agit d'un genêt épineux à fleurs jaunes et port en grand coussinet.

Photo : Sierra de Gredos, Avila, Espagne, juillet 1982.

Végétation à chaméphytes

Étage des chaméphytes
Genêt, Piorno
Fabaceae
Juin-Juill.
End. Hs(cw) Portugal
1 500-2 200 m
1-1,5 m
L : 15-20 mm

Végétation à chaméphytes

92. Artemisia pedemontana Balbis

Étage des chaméphytes
Armoise
Asteraceae
Hs(c, e) ; Tu (s) ; Caucase
600-1 500 m
15-30 cm
D capitules : 6-8 mm

300 espèces d'armoises sont présentes en zone holarctique, jusqu'en Amérique et Afrique australes, mais le centre de gravité de ce genre se situe en Asie centrale, avec plus de 60 espèces entre Iran et Himalaya. C'est en effet un genre steppique, comme l'espèce illustrée ici. L'armoise du Piémont existe en Aragón, en Italie du Nord, mais aussi dans les Balkans et surtout en Turquie et dans le Caucase, ce qui indique ses origines orientales. Ce n'est pas une espèce très alticole alors que certaines armoises atteignent 3 000 m comme *Artemisia splendens,* d'Anatolie orientale. En Sierra Nevada, *A. granatensis* dépasse 2 000 m.

Photo : Sierra de Javalambre, Teruel, Espagne, mai 1999.

93. Genista pumila
(Debeaux ex Hervier) Vierhapper

Végétation à chaméphytes

Étage des chaméphytes
Genêt
Mai-Juin(jt)
End. Hs(s, e)
700-1 800 m
10-40 cm
L : 10-15 mm

Ce genêt fait partie d'un groupe occidental de plantes orophiles, auquel appartiennent G. *versicolor,* de Sierra Nevada (=*G. baetica*), le genêt de l'Obel, du sud de la France, *G. lobelii* subsp. *longipes* d'Andalousie calcaire etc. Plus largement, 87 espèces de genêt existent dans le monde, la plupart mésogéennes, quelques espèces atteignant l'ouest de l'Asie. Ce genre présente deux centres : l'un oriental (Anatolie, Grèce) ; l'autre ibérique, avec des espèces comme *G. cinerea* subsp. *speciosa* d'Andalousie, *G. cephalantha* du Maroc. La plante illustrée appartient à la subsp. *rigidissima* de Centre Espagne.

Photo : Sierra de Gudar, Cuenca, Espagne, mai 1999.

Végétation à chaméphytes

94. Thymus vulgaris L.

Étage des chaméphytes
Thym, Farigoule, Tomillo
Lamiaceae
Mai-Juill.
Hs(s, c, n)
200-2 000 m
10-40 cm
L : 10-12 mm

La description de notre thym provençal est surtout un prétexte pour parler des 350 espèces de ce genre répandues en zone tempérée d'Eurasie, avec plus de 40 % des taxons autour de la Méditerranée. Les espèces les plus alticoles font partie du groupe *Serpyllum* (les serpolets), exemple : *T. praecox*, qui atteint 3 600 m en Anatolie. Mais les espèces les plus remarquables font partie du groupe *Pseudothymbra,* surtout occidental, avec des inflorescences munies de grandes bractées souvent roses ou blanches, comme *T. membranaceus* d'Andalousie. Quant à notre thym vulgaire, plus on se rapproche du 38e parallèle, plus il devient alticole et prospère dans les pinèdes de l'étage oroméditerranéen de l'Aragón, sur calcaire. Le thym atteint l'Italie où il vit en plaine.

Photo : Haute Provence, France, mai 1995.

95. Asphodelus gpe ramosus L.

Végétation à chaméphytes

Étage des chaméphytes
Asphodèle
Liliaceae
(Févr.)Mars-Mai
Al ; Ma ; Hs(s, c) ; Si ; Sa ; It(c, s) ; Gr(s) ; Tu(w)
0-2 000 m
80-150 cm
D : 20-25 mm

Cet asphodèle n'est pas réputé pour son caractère alticole, toutefois, il est fréquent en montagne, dans les sierras du centre et du sud de l'Espagne ; par exemple, dans les fruticées des sierras de Teruel ou de Gador, près d'Almeria. À côté de cette espèce, les asphodèles du groupe *albus* atteignent 2 000 m en Espagne et au Maroc.

Photo : Sierra de Javalambre, Espagne, mai 1999.

Pelouses sèches

96. Festuca indigesta Boissier subsp. **aragonensis** Willkomm & Lange

Pelouses sèches
Fétuque
Poaceae
Avril-Juin
End. Hs(c, s)
1 000-2 000 m
10-25 cm
L épillet :
5-6 mm

Cette fétuque fait partie d'un groupe complexe d'herbes vivaces à feuilles enroulées en long, dures, plus ou moins piquantes. Dans le monde, on en compte 450 espèces, distribuées dans tous les continents. Les espèces d'Europe et du bassin méditerranéen ont été pulvérisées, et il est difficile de s'y retrouver, même pour un spécialiste. Les espèces très alticoles sont en Anatolie : *F. cappadocica, F. oreophila* y dépassent l'altitude de 3 000 m. L'espèce illustrée vit dans les lieux ouverts, ensoleillés, à l'étage oroméditerranéen.

Photo : Sierra de Teruel, Espagne, mai 1999.

97. Hormatophylla lapeyrousiana (Jordan) Küpfer

Cet alysse (fiche du genre, n° 71) n'est pas épineux, mais, comme les espèces du groupe, il s'agit d'une vivace à rosette de feuilles argentées, entières, et inflorescence de fleurs blanches. Cette plante atteint les Pyrénées, mais elle est typique des sierras du centre-est de l'Espagne, sur rochers calcaires aux étages supra- et oroméditerranéen.

Photo : Sierra de Teruel, Espagne, mai 1999.

Rochers
Corbeille d'argent
Brassicaceae
Mai-Juin
End. Hs(c, n)
800-2 200 m
10-20 cm
D : 6-8 mm

98. Globularia vulgaris L.

Les 22 espèces de globulaire se répartissent entre les îles du Cap Vert, les Canaries et le Moyen-Orient, mais 95 % d'entre elles sont mésogéennes. Une quinzaine d'espèces sont montagnardes, avec un centre en Anatolie et un autre en Espagne, auquel appartient l'espèce illustrée. Cette plante fait partie d'un groupe complexe qui comprend *G. bisnagarica* *, de Provence. *Globularia vulgaris* n'est pas très alticole, mais *G. spinosa*, d'Andalousie, atteint 2 000 m. Plusieurs espèces sont appréciées pour les jardins de rocaille, au soleil ou à mi-ombre, sur sol calcaire bien drainé, pour des murets, comme *G. punctata*.

Photo : Sierra de Teruel, Espagne, mai 1999.

Rochers
Globulaire
Globulariaceae
Avril-Juin
Hs(c, n) ; It (s) ; Gr(n)
600-1 800 m
10-30 cm
D inflorescence : 20-25 mm

Flore des rochers

99. **Antirrhinum pulverulentum** Lazaro

Rochers
Gueule-de-loup
Scrophulariaceae
Avril-Sept.
End. Hs(c, e)
700-1 500 m
20-60 cm
L : 20-25 mm

L'espèce est aussi nommée *A. sempervirens* Lap. subsp. *densiflorum* (Lange) Bolos i Vigo, autant dire qu'il s'agit d'une espèce appartenant à un groupe complexe de geules-de-loup comportant 20 taxons montagnards répartis entre les Pyrénées-Orientales et l'Andalousie, comme *A. valentinum*, *A. grossii*, etc. Le genre *Antirrhinum* contient 42 espèces au niveau mondial, surtout mésogéennes, mais certaines atteignent l'Amérique du Nord-Ouest. L'espèce illustrée est endémique des sierras du centre et de l'est de l'Espagne, et fait partie du groupe des gueules-de-loup rupicoles à port buissonnant et à feuilles arrondies, velues, glauques. Quelques espèces sont utilisables en rocaille, sur sols pauvres et bien drainés ; elles sont alors traitées comme plantes annuelles.

Photo : Ventana del Diablo, Cuenca, Espagne, mai 1999.

100. Saxifraga corbariensis Timbal-Lagrave

Ce saxifrage est aussi nommé *S. fragilis* Schrank. Il fait partie du groupe *Ceratophyllae* (Haworth) Pawl., qui comporte 12 espèces, toutes ibériques sauf *S. pedemontana*. Beaucoup d'entre elles sont montagnardes, comme *S. camposii* d'Andalousie. L'espèce illustrée préfère les calcaires ou les dolomies des plateaux d'Aragón ou des Pyrénées ; elle atteint la France. Fiche n° 159, *S. marginata*.

Photo : Sierra de Teruel, Espagne, mai 1999.

Flore des rochers

Rochers
Saxifrage
Saxifragaceae
Mai-Juin
End. Hs(c, e, n)
400-2 000 m
5-30 cm
D : 20-25 mm

101. Allium moly L.

Avec ses 700 espèces, le genre *Allium* est présent dans l'hémisphère Nord, notamment le bassin méditerranéen, mais les formes vraiment alticoles se trouvent dans la région où ce genre s'est le plus diversifié : l'Asie centrale et occidentale, avec 150 espèces en Turquie, dont 42 en montagne. C'est parmi ces espèces asiatiques qu'il faut rechercher les formes horticoles comme *A. aflatunense*, *A. christophii*... utilisables en rocaille, au soleil ou à mi-ombre, sur des sols bien drainés, surtout en hiver. Dans la nature, *A. oreophilum*, par exemple, atteint 3 500 m en Anatolie orientale. L'ail illustré n'atteint pas ces records, il ne dépasse pas 1 600 m, mais c'est un bon exemple de bulbeuse des rochers d'Espagne, et même de France (vers Carcassonne), aux étages supra- et oroméditerranéen, sur calcaire.

Photo : Cuenca, Espagne, mai 1999.

Rochers
Ail
Liliaceae
Mars-Mai
Hs(c, n)
500-1 600 m
20-40 cm
D : 20-25 mm

CALABRE ET CAMPANIE

Vue, à partir de la crête du monte Pollino, vers le Pian de Ruggio et la hêtraie mésophile oroméditerranéenne à *Senecio squalidus, Campanula trichocalycina*
À la limite supérieure de la forêt, zone de hêtres courbés qui rappelle la *kampfzone* des Alpes orientales. Au premier plan, pelouse écorchée à *Linum capitatum* et *Edraeanthus graminifolius*. (Itinéraire 6)

2 000 m, juillet 1999.

Région du Sopramonte, dans l'est de la Sardaigne
Massif calcaire de moins de 1 500 m, à la différence du Gennargentu qui atteint 1 900 m mais est constitué de flysch ou roches acides. Au premier plan, chênaie verte méso-méditerranéenne à *Pancratium illyricum*, *Orchis quadripuncatata*.

1 000 m, mai 1995.

Bois de feuillus

102. Campanula trichocalycina Tenore

Cette campanule calcicole des hêtraies et autres bois d'altitude possède une corolle tellement découpée que certains auteurs l'ont classée dans le genre *Asyneuma,* présent dans les Balkans et en Anatolie. Cette campanule est commune dans la Sila, près de Cosenza et autour du monte Pollino, en Calabre. Fiche n° 222, *C. lactiflora*.

Photo : Monte Pollino, Italie, juin 1999.

Bois de feuillus
Campanule
Campanulaceae
Mai-Juill.
It(s) ; Si ; Al
1 500-1 900 m
40-80 cm
D : 25-30 mm

103. Digitalis micrantha Roth

Cette digitale mérite bien son nom, car ses fleurs sont encore plus petites que celles de *D. lutea* L. *, de France. Elle est aussi nommée *D. lutea* L. subsp. *australis* (Ten.) Arch. et croît au niveau de l'étage supraméditerranéen, voire au-dessus, sur calcaire ou flysch, dans l'ambiance des hêtraies. Assez commune en Calabre, autour de Cosenza. Fiche n° 169, *D. ferruginea*.

Photo : Majella, Pescara, Italie, juin 1999.

Bois de feuillus
Digitale
Scrophulariaceae
Mai-Juill.
End. It (c, s)
300-1 800 m
0,5-1 m
D : 8-10 mm

Bois de feuillus

104. Helleborus bocconei Tenore

Le genre contient 20 espèces dans le monde – d'Europe, d'Asie et du bassin méditerranéen – surtout balkaniques. Comme bien souvent, les espèces les plus alticoles sont en Anatolie (*H. orientalis* atteint 2 200 m). L'espèce illustrée ici fait partie du groupe *multifidus,* qui n'est pas strictement méditerranéen ; ce groupe d'espèces peut être cultivé à mi-ombre ou en pleine ombre, sur un sol lourd ou calcaire, pour un grand jardin. La même remarque vaut pour *H. cyclophyllus*, d'origine balkanique, réputé facile à cultiver. L'espèce illustrée est fréquente dans les hêtraies de la Sila calabraise, sur flysch.

Photo : San Giovanni in Fiore, Italie, avril 1993.

Bois de feuillus
Hellébore
Ranunculaceae
Févr.-Avril
It(s) ; Si
200-1 700 m
40-60 cm
D : 35-40 mm

105. Lilium gpe bulbiferum L.

Ce lis n'est pas méditerranéo-montagnard, et les seules espèces de lis dépassant 2 400 m vivent au nord de la Turquie (*L. monadelphum*) ou au Caucase. Le lis orangé est toutefois typique des hêtraies méridionales d'Italie et de Grèce, sur calcaire ou flysch. Le lis pompon (*L. pomponium* ✻ fait partie d'un groupe balkanique qui ne descend pas au-dessous du 40e parallèle, comme *L. carniolicum*. 100 espèces de lis vivent dans le monde, dans tout l'hémisphère Nord et franchissent le tropique aux Philippines. Plusieurs espèces horticoles sont appréciées, comme *L. svortisianum,* du Caucase, cultivable au soleil, sur sol léger.

Photo : Majella, Pescara, Italie, juin 1999.

Bois de feuillus
Lis orangé
Liliaceae
Mai-Juill.
It (c, s) ; Gr (n, s)
800-1 900 m
30-80 cm
D : 50-60 mm

106. Ptilostemon strictus
(Tenore) Greuter

Bois de feuillus

Bois de feuillus
Chardon
Asteraceae
Juin-Oct.
It (s, c) ; Gr (n)
500-1 600 m
30-100 cm
D capitules :
18-20 mm

Le genre *Ptilostemon*, plutôt mésogéen, est traité à *P. niveus*, fiche n° 112. Cette espèce croît en sous-bois de hêtres ou en lisière, sur calcaire ou flysch, aux étages supra- et oroméditerranéen. Elle est assez fréquente en Calabre, par exemple au monte Pollino, mais nous l'observons aussi dans le Pinde, en Grèce.

Photo : Gamila, Grèce, juillet 1987.

107. **Pinus leucodermis** Antoine

Pinèdes, Rochers
Pin de Calabre
Pinaceae
Mai-Juin
It(s) ; Gr (n)
1 500-2 000 m
10-30 m
L cônes : 5-9 cm

Ce pin calcicole est souvent rupicole, comme au monte Pollino où il forme des peuplements en nette régression sur le versant sud. Il est génétiquement très proche de *P. heldreichii* Christ. qui vit en Serbie, en Albanie, au Montenegro et dans les montagnes du nord de la Grèce. (carte, p. 12-13)

Photo : Monte Pollino, juillet 1995.

108. **Alnus cordata** (Loisel) Duby

Peuplements préforestiers

Fruticées
Aulne cordé
Betulaceae
Févr-Avril
Sa ; It (c, s)
500-1 600 m
4-8 m
D fruits : 20-22 mm

Cet aulne qui, soit participe aux bois caducifoliés, soit forme une ceinture de buissons à la limite supérieure des hêtraies, est fréquent en Calabre, notamment au Sirino ou à la Cozza del Pellegrino, près de Cosenza. Il est aussi présent en Corse. En Calabre, les fourrés qu'il forme sont associés à la fougère aigle et hébergent le céraiste tomenteux et l'épiaire (voir n° 110, plus loin).

Photo : Aquaformosa, Cosenza, Italie, juin 1999.

Végétation
à chaméphytes

109. **Laserpitium siler** L. subsp. **garganicus** (Tenore) Arcang.

Étage des chaméphytes
Laser
Apiaceae
Juin-Juill.
It (s, c) ; Si ; Sa
600-2 600 m
30-80 cm
D ombelles : 10-12 cm

35 espèces de lasers vivent des îles Canaries à l'Asie Occidentale. Le centre de gravité du genre est méditerranéen occidental. La plupart des espèces ne sont pas très alticoles ; par exception, *L. petrophilum* dépasse 2 500 m dans le Taurus turc. L'espèce illustrée prospère dans les fruticées et les rocailles de Calabre et de l'Appenin méridional.

Photo : Monte Pollino, Italie, juin 1999.

110. **Stachys tymphaea** Haussknecht

Étage des chaméphytes
Épiaire
Lamiaceae
Mai-Juill.
It (c, s) ; Gr (n)
800-2 000 m
30-60 cm
L : 20 mm

Cette espèce appartient au groupe *S. germanicus,* qui contient 8 taxons, la plupart centro-européens ou centro-méditerranéens. 3 ou 4 espèces sont montagnardes, dont l'espèce illustrée. Le feuillage de ces plantes est argenté-laineux. La plante présentée vit à la limite de la végétation arborée, non loin des hêtraies. Fiche n° 228, *S. macrantha*.

Photo : Mont Sirino, Italie, juin 1999.

111. Hedraeanthus graminifolius (L.) D.C.

Végétation à chaméphytes

Étage des chaméphytes
Campanule
Campanulaceae
Mai-Juill.
End. It (c, s) ; Si ; Gr (n)
1 600-2 300 m
5-20 cm
D : 10-12 mm

Ce genre, très proche des campanules, s'orthographie aussi *Edraianthus* ; il contient 24 espèces du sud-est de l'Europe et d'Asie occidentale, il ne franchit pratiquement pas le 40e parallèle, sauf en Turquie. L'espèce illustrée comprend 2 sous-espèces : l'une de l'Appenin, à port assez élancé, et la subsp. illustrée ici, plus prostrée et très esthétique. Ce taxon est typique des pelouses rases sur calcaire, des montagnes calabraises tout à fait comparables à celles de Croatie ou du Kosovo, où les *Edraeanthus* sont présents, comme *E. pumilio*. Ces espèces sont intéressantes, en rocailles ensoleillées bien drainantes, notamment pour des murets.

Photo : Monte Pollino, Italie, juin 1999.

112. Ptilostemon niveus (Presl.) Greuter

Le genre contient 14 espèces, toutes circumméditerranéennes. Seul *P. afer* est nettement alticole et atteint 2 400 m. Il s'agit souvent de belles espèces comme celle illustrée ou d'autres d'Afrique du Nord. *P. hispanicus* est commun dans les montagnes d'Andalousie. L'espèce illustrée préfère les fruticées ou les éboulis ; c'est une espèce endémique inscrite au **livre rouge** de la flore d'Italie : **à ne pas récolter**.

Photo : Monte Pollino, Italie, juin 1999.

Étage des chaméphytes
Chardon
Asteraceae
Juin-Juill.
End. It(s) ; Si
1 200-1 900 m
50-70 cm
D capitules : 3-5 cm

Prairies sèches ou mésophiles

113. **Anthemis cretica** L. subsp. **calabrica** (Arcang.) R. Fern.

Prairies sèches
Chrysanthème
Asteraceae
Mai-Juill.
la subsp. : end. It(s)
800-2 000 m
10-50 cm
D capitule :
25-30 mm

Le genre comprend 100 espèces, du Maroc à l'Iran, dont plus du tiers en Turquie, mais ce n'est pas un genre riche en espèces alticoles : moins de 20 en tout, dont 8 en Anatolie, surtout de l'Est : par exemple, *A. marschalliana* atteint 3 000 m. Cette dernière ainsi que celle illustrée sont utilisées en jardins de rocailles ensoleillés, avec des sols bien drainés, notamment en hiver, ce qui oblige à mettre sous serre. *A. aetnensis* Schow, proche de celle illustrée, vit sur les flancs volcaniques de l'Etna, entre 1 800 et 2 800 m. L'anthémis présentée fait partie d'une des 5 sous-espèces croissant entre l'Afrique du Nord et la Turquie ; celles de Calabre sont les subsp. *calabrica* et *cretica*.

Photo : Monte Pollino, Italie, juin 1999.

114. **Senecio tenorei** Pignatti

Prairies sèches ou mésophiles

Prairies mésophiles
Séneçon doronic
Asteraceae
Mai-Août
End. It (c, s)
800-2 000 m
20-50 cm
D capitules : 35-40 mm

Cette espèce, qui fait partie du groupe du séneçon doronic, est également nommée *S. doronicum* L. var. *pseudoarachnoides* Fiori. Plusieurs groupes de *Senecio* contiennent des orophytes méditerranéennes, par exemple ceux du groupe *gaudinii-capitatus,* avec 3 taxons qui descendent dans l'Appenin méridional. Dans le groupe de *S. incanus*, on note plusieurs espèces orophiles, comme *S. boissieri* D.C., d'Andalousie (Sierra Nevada et alentours). Parmi les sénecons du groupe *S. pyrenaicus*, un taxon atteint la Sierra Nevada, un autre la sierra de Gredos. En Anatolie, 10-12 espèces dépassent l'altitude de 2 500 m et atteignent même 3 000 m, par exemple *S. jurinaefolius* Boiss., du centre et du sud de la Turquie. Au niveau mondial, le genre *Senecio* est l'un des plus diversifiés, avec 1 500 espèces distribuées sur tous les continents.

Photo : Monte Pollino, Italie, juin 1999.

Prairies sèches ou mésophiles

115. Linaria purpurea (L.) Miller

Prairies mésophiles
Linaire
Scrophulariaceae
Mai-Août
End. It (c, s) ; Si
100-2 500 m
0,5-1 m
L : 20-25 mm

Au niveau mondial, 100 espèces de linaires se distribuent dans l'hémisphère Nord, avec un net centre de diversité dans le bassin méditerranéen, surtout occidental. En péninsule ibérique, retenons, pour les formes de montagne, *Linaria lilacina*, *L. anticaria*, calcicoles. *L. glacialis* atteint 2 700 m en Sierra Nevada. En région centrale, *L. genistifolia* (Italie à Anatolie) atteint 2 500 m. La Turquie possède 5 espèces de montagne. L'espèce illustrée est centro-méditerranéenne, elle préfère les lieux herbeux, les rocailles, au soleil ou à mi-ombre ; elle est facile à cultiver.

Photo : Aquaformosa, Cosenza, Italie, juin 1999.

116. Onobrychis tenoreana Lacaita

Prairies mésophiles
Sainfoin
Fabaceae
Mai-Juill.
End. It (c, s)
1 000-2 200 m
40-70 cm
L : 12-17 mm

Ce sainfoin vivace fait partie d'un groupe d'espèces réunies sous le binôme *O. alba* W. & K., taxon lui-même proche d'espèces occidentales (*O. supina*), avec quelques taxons d'altitude comme *O. montana* D.C. * qui franchit le 40e parallèle. L'espèce illustrée est subalpine ; nous la connaissons des fruticées à *Juniperus alpina* du sud de l'Appenin. Fiche n° 183, *O. cornuta*.

Photo : Majella, Pescara, Italie, juin 1999.

117. Pedicularis comosa L.

Prairies sèches ou mésophiles

Prairies mésophiles
Péticulaire
Scrophulariaceae
Mai-Juill.
Hs (s, c) ; It (c, s) ; Gr (n) ; Tu (c, n)
1 200-2 400 m
20-50 cm
L : 22-25 mm

Le genre *Pedicularis* contient 350 espèces de l'hémisphère Nord ; quelques espèces arrivent en Amérique centrale. Un important centre de diversité se trouve en Himalaya (22 espèces au Pakistan). La plupart des espèces européennnes sont alpiennes. Une dizaine d'espèces montagnardes franchissent le 40e parallèle, comme l'espèce illustrée qui est présente en Sierra Nevada (variété *nevadensis*). *P. cadmea* (fiche n° 181) est du Taurus turc. Les plus belles espèces sont caucasiennes, comme *P. condensata*. À côté de l'espèce illustrée, *P. petiolaris* Ten est montagnarde en Italie et en Grèce.

Photo : Monte Pollino, Italie, juin 1999.

Prairies sèches ou mésophiles

118. Viola gpe calcarata L.

Pelouses mésophiles
Pensée
Violaceae
Avril-Juill.
la subsp. : end. It(s) ; Si
1 000-2 600 m
5-25 cm
D : 22-25 mm

Cette pensée fait partie du groupe complexe de *Viola calcarata,* avec au moins 20 taxons, selon Pignatti. Des auteurs pensent que seule existe en Calabre *V. eugeniae* Parl. Toutefois, d'après Pignatti, l'espèce illustrée serait *V. aethnensis* Parl., qui possède trois sous-espèces : l'une de l'Etna : le type, qui atteint 2 800 ; une autre, qui ne franchit pas le 40e parallèle ; enfin, *Viola a.* subsp. *messanensis* (W. Becker) Merxm. & Lipp., qui semble caractéristique des pelouses montagnardes de Calabre, notamment à la Sila ; ce doit être le taxon illustré. Fiche n° 38, *V. dyris*.

Photo : Monte Pollino, Italie, juin 1999.

119. Platanthera chlorantha (Cluste) Reich.

Prairies mésophiles
Orchis
Orchidaceae
Mai-Juill.
Eurosibérie
500-2 000 m
30-50 cm
L : 25-30 mm

L'espèce illustrée est présente dans plusieurs des massifs montagneux du sud du 40e parallèle, en ambiance humide, notamment dans l'Appenin méridional. Mais les orchidées de montagnes sont peu nombreuses : parmi les *Epipactis*, *E. veratrifolia* atteint 2 500 m dans les montagnes pontiques, *E. persica* 2 700 m dans l'est de la Turquie. Plusieurs *Dactylorhiza,* comme *D. iberica,* arrivent à 2 600 m en Grèce, 2 500 m pour *D. elata* au Maroc et en Espagne. Parmi les *Orchis*, citons *O. pinetorum* qui atteint 2 400 m en Turquie et au Péloponnèse. La curieuse *Comperia comperiana* atteint 2 000 m dans les cédraies du Taurus.

Photo : Majella, Pescara, juin 1999.

120. Centaurea rupestris L.

Cette centaurée appartient à une espèce formée de 4 taxons, dont la distribution s'étend de l'Italie méridionale à l'ouest et au centre des Balkans (au nord du 40e parallèle). La plante illustrée est *C. rupestris* subsp. *rupestris*, elle vit dans les rochers calcaires ensoleillés en compagnie de saxifrages et autres rupicoles de moyenne montagne. Fiche n° 180, *C. mucronifera*.

Photo : Majella, Pescara, Italie, juin 1999.

Flore des rochers

Rochers
Centaurée
Asteraceae
Juin-Juill.
End. It (c, s) ; Croatie
1 000-1 800 m
40-50 mm
D capitules : 30-35 mm

121. Drypis spinosa L.

Ce curieux genre ne contient que 2 espèces : celle illustrée ici, et une forme du littoral croate. La plante présentée est caractéristique par ses fleurs régulièrement rangées par 4 ou un multiple de 4 ; elle est typique des éboulis calcaires de Calabre et de Grèce à moyenne altitude. Le genre *Drypis* est assez proche de *Gypsophila* L. (fiche n° 216) (carte p. 12-13).

Photo : Majella, Pescara, Italie, juin 1999.

Flore des éboulis

Éboulis
Drypis
Caryophyllaceae
Juin-Août
It (c, s) ; Gr (n, s)
800-2 300 m
20-40 cm
D : 4-5 mm

Flore des éboulis

122. Cerastium tomentosum L.

Éboulis
Céraiste
Caryophyllaceae
Juin-Août
End. It (s, c) ; Si
600-2 200 m
20-40 cm
D : 20-25 mm

Le genre Céraiste possède 60 espèces dont 95 % sont présentes dans le bassin méditerranéen. Il possède une dizaine d'espèces mésogéennes de montagne. La plante illustrée est le prototype du groupe des Céraistes rameux, vivaces à feuillage velouté, plus ou moins argenté, et à fleurs blanches, parmi lesquelles *C. boissieri*, d'Afrique du Nord, d'Andalousie et de Corse. Ces céraistes vivaces sont très appréciés en rocailles, au soleil, mais ils craignent l'humidité hivernale et sont très envahissants.

Photo : Monte Pollino, Italie, juin 1999.

123. Cerastium tommasii Tenore

Éboulis
Céraiste
Caryophyllaceae
Juin-Août
End. It (c)
1 700-2 800 m
3-6 cm
D : 12-18 mm

Céraiste du groupe *arvense* L., vit dans les éboulis subalpins de l'Appenin central et méridional dont il est endémique. Calcicole. Fiche n° 122, *C. tomentosum*.

Photo : Majella, Pescara, Italie, juin 1999.

NORD DE LA GRÈCE

Pinde, région de Metsovon
Bois clair de *Pinus heldreichii* sur ophiolites. Sous-bois à *Helleborus cyclophyllus, Buxus sempervirens*, prairies à *Veratrum album, Euphorbia rigida, Pteridium aquilinum, Ptilostemon afer, Bornmuelleria tymphaea*.
Limite supra-oroméditerranéen, 1 700 m, juillet 1990.
(Itinéraire 7)

Forêts de feuillus

124. **Quercus trojana** Webb.

Bois de feuillus
Chêne de Trojan
Fagaceae
Mai-Juin
It(s) ; Gr (n) ; Tu (w, s)
1 000-1 800 m
5-15 m
D gland : 18-20 mm

Ce chêne à feuilles dentées, coriaces, semi-décidues, est aussi nommé *Q. macedonica* DC. En Italie il vit à basse altitude, il est présent dans les montagnes du sud de l'Albanie, il participe aux bois de l'étage supraméditerranéen sur calcaire dans le Pinde et l'Épire, et il dépasse l'altitude de 1 500 m dans le Taurus turc.

Photo : Monastère de Stomiou, Konitsa, Grèce, juillet 1990.

125. **Trifolium ochroleucum** Huds.

Bois de feuillus
Trèfle jaune
Fabaceae
Mai-Juill.
Ma ; Hs(s) ; It (c, s) ; Sa ; Si ; Gr (n, s) ; Tu (n, e)
500-2 000 m
15-40 cm
L : 15-20 mm

Ce trèfle n'est aucunement oroméditerranén strict : il est présent en France, mais il est typique des chênaies et des hêtraies supra- et oroméditerranéennes, en ambiance humide, sur calcaire ou flysch, par exemple en Grèce du Nord.

Photo : Mont Sirino, Italie, juin 1999.

126. Geranium macrorrhizum L.

Forêts de feuillus

Bois de feuillus
Géranium
Geraniceae
Mai-Juill.
It (c) ; Gr (n)
500-1 800 m
30-40 cm
D : 25-30 mm

L'un des géraniums des moyennes montagnes centro-méditerranéennes, en ambiance subhumide ou humide, sur sols non acides, en ambiance forestière de feuillus. Cette espèce franchit le 40e parallèle vers le nord et atteint les Dolomites ; elle semble rechercher les rocailles. Fiche n° 226, *G. ibericum*.

Photo © P. Authier : Gamila, Grèce, juillet 1998.

Bois de conifères

127. Chamaecytisus hirsutus (L.) Link

Bois de conifères
Cytise
Fabaceae
Mai-Juill.
It (c, s) ; Gr (n) ; Tu (n, e)
500-1 900
30-40 cm
L : 25-30 mm

Ce genre de 32 espèces est typiquement centro-européen, car plus de 20 taxons se retrouvent en ex-Yougoslavie. En réalité, ce genre n'est pas très alticole. L'espèce illustrée est nommée aussi *C. triflorus* (Lam.) Skalikà ; elle croît tant sous pinèdes dégradées que dans des landines alticoles : l'espèce atteint l'étage oroméditerranéen. À côté de cette espèce, *C. supinus* vient des Balkans du Nord et de la région pontique ; quant à *C. eriocarpus,* il atteint 1 700 m dans les montagnes du Taurus turc.

Photo : Majella, Italie, juin 1999.

128. **Astragalus creticus** Lam. subsp. **rumelicus** (Bunge) Maire & Petimengin

Végétation à chaméphytes

Étage des chaméphytes
Astragale
Fabaceae
Juin-Août
End. Gr (n, s)
1 500-2 200 m
20-30 cm
L : 20-25 mm

Cette espèce appartient au nouveau genre à feuilles à rachis épineux : *Astracantha* Podl., riche de plus de 150 espèces de montagnes méridionales. En outre, cette espèce appartient à la section *Tragacantha* à laquelle appartient *A. sempervirens* de haute Provence *. Que ce soient les astragales vraies ou les *Astracantha*, plus de 200 espèces, parmi les 2 000 du monde entier, se répartissent dans toutes les montagnes méditerranéennes : *A. granatensis,* de Sierra Nevada, *A. angustifolius,* de Grèce, et plus de 150 espèces en Anatolie, surtout orientale. Parmi les chaméphytes en coussinets épineux, ce sont les astragales les plus nombreuses, tant en nombre d'espèces qu'en superficie occupée, notamment à l'étage altiméditerranéen où elles peuvent former des peuplement presque purs, comme en Sierra Nevada. Ces espèces prospèrent en climat subhumide ou rarement semi-aride (dans l'Est). Quelques espèces peuvent être utilisées comme plantes de jardins alpins, comme *A. angustifolius*. Leur culture, délicate, nécessite des sols légers, bien drainés, en pleine lumière, pour des murets ou des rocailles.

Photo © P. Authier, Gamila, Grèce, juillet 1997.

Végétation à chaméphytes

Étage des chaméphytes
Scabieuse
Dipsacaceae
Mai-Juill.
Si ; It (s, c) ; Albanie ; Gr (s, n)
500-2 000 m
10-40 cm
D capitules : 30-35 mm

129. Lomelosia crenata (Cyrillo) Greuter

Fort de 80 espèces, le genre *Scabiosa* L. a été démembré : la section *Lomelosia* a récemment été érigée au rang de genre, avec 40 espèces mésogéennes vivaces, dont 26 en zone orientale. Toutefois, le genre *Lomelosia* contient de rares espèces occidentales, comme *L. pulsatilloides,* endémique de Catalogne, et *L. macropoda,* de Sierra Nevada. Hors du monde mésogéen, quelques espèces de scabieuses *sensu lato* arrivent en Afrique de l'Est et du Sud (Drakensberg). L'espèce illustrée possède un beau feuillage argenté et préfère les éboulis et les fruticées sur calcaire, à l'étage oro- ou supraméditerranen.

Photo : Monte Pollino, Italie, juin 1999.

130. Polygala major Jacq.

Étage des chaméphytes
Polygala
Polygalaceae
Mai-Juill.
It (c, s) ; Gr (n, s) ; Tu (n)
500-2 300 m
5-40 cm
L : 15-20 mm

Le genre contient 48 espèces, dont 17-18 en Espagne et 13 en Grèce, mais peu d'espèces sont très alticoles. En Turquie, *P. anatolica,* proche de l'espèce illustrée, atteint 2 500 m. *P. preslii* Spreng. est endémique de l'Aspromonte italien et de Sicile. Quelques espèces du groupe *alpina* atteignent 3 000 m (Anatolie). L'espèce illustrée vit dans les fruticées, les rocailles et les pelouses, souvent sur calcaire.

Photo : Majella, Italie, juin 1999.

131. **Anthyllis aurea** Host.

Végétation à chaméphytes

Étage des chaméphytes
Anthyllis
Fabaceae
Juin-Août
Gr (n)
1 000-1 800 m
10-15 cm
D capitules : 30 mm

Cette espèce à belles fleurs est balkanique ; elle est absente de Crète et de Turquie. Elle vit au niveau des pelouses ou des rocailles de moyenne montagne calcaire, à la manière de *A. montana* *. Fiche n° 49, *A. tejedensis*.

Photo : Crna Gora, Montenegro, juillet 1989.

132. **Bornmuellera tymphaea** (Haussk.) Haussknecht

Ce genre est proche d'*Alyssum* et contient 6 espèces : 3 des Balkans et 3 de Turquie, de moyenne montagne et ophioliticoles : ces plantes accumulent le nickel. L'espèce illustrée vit dans les pinèdes et les rocailles du Pinde.

Photo : Metsovon, Grèce, juillet 1990.

Étage des chaméphytes
Corbeille d'argent
Brassicaceae
Juin-Juill.
End. Gr (n)
1 000-1 800 m
10-40 cm
D : 5-7 mm

Végétation à chaméphytes

133. Euphorbia rigida Bieberstein

Étage des chaméphytes
Euphorbe
Euphorbiaceae
Avril-Juill.
Ma ; Si ; It(s) ; Gr (n, s) ; Tu (n, s)
500-2 000 m
10-40 cm
D ombelle : 40-60 mm

Parmi les 1 600 espèces d'euphorbes du monde, 10 % habitent la Mésogée, dont moins de 30 espèces montagnardes. En région occidentale, *E. nicaeensis* atteint 1 800 m, par exemple en Andalousie, mais c'est en Anatolie que les espèces alticoles sont le plus caractéristiques, comme *E. oblongifolia* du Taurus. Quelques espèces sont utilisables en rocaille, comme *E. capitulata* (fiche n° 140) pour des murs ou *E. kotschiana* (fiche n° 171) en bordure humide. L'espèce illustrée aime les champs de blocs ou les pelouses sèches de moyenne montagne.

Photo : Kounoupia, Grèce, avril 1996.

134. Linum capitatum Schultes

Étage des chaméphytes
Lin
Linaceae
Juin-Juill.
It (c, s) ; Gr (n, s)
1 500-2 300 m
10-40 cm
D : 20-25 mm

Parmi les 200 espèces mondiales de lin, la *Med Check List* compte 135 taxons mésogéens. Leur principal centre de diversité est l'Anatolie (et les Balkans), avec les espèces les plus alticoles, comme *L. empetrifolium* et *L. boissieri*. Cette dernière espèce appartient au même groupe que celle illustrée : le groupe *flavum*. Plusieurs espèces sont appréciées pour les rocailles : *Linum arboreum* et l'espèce illustrée, mais il faut les rentrer sous serre en hiver (elles craignent l'humidité).

Photo : Monte Pollino, Italie, juin 1999.

135. Geranium reflexum L.

L'un des géraniums des lieux forestiers ou des prairies humides des Balkans. Cette espèce rappelle *G. phaeum* L., des Alpes.

Photo © P. Authier, Gamila, Grèce, juillet 1999.

Prairies mésophiles

Prairies mésophiles
Géranium
Geraniaceae
Juin-Août
It (c) ; Gr (n)
1 500-1 900 m
30-70 cm
D : 20 mm

136. Bruckenthalia spiculiflora (Salisb.) Reichb.

La famille des *Ericaceae* n'est pas riche en genres montagnards en Mésogée : ni les bruyères vraies, ni le genre *Bruckentalia* ne dépassent 2 000 m. Certains *Rhododendron* et les myrtilles (*Vaccinium*) dépassent 2 500 m, mais c'est en zone pontique (n° 231). De même, une plante étonnante, *Epigaea gaultherioides*, vit au nord-est de l'Anatolie et en Géorgie ; le genre est relictuel et possède deux autres espèces : l'une au Japon, la dernière dans l'est des États-Unis. L'espèce illustrée est balkanique et de l'ouest de la Turquie, elle vit dans les fruticées à genévriers, les pelouses de type subalpin, sur sol acide.

Photo : Ulu Dag, Turquie, juillet 1998.

Prairies mésophiles
Bruyère
Ericaceae
Juin-Sept.
Gr (n) ; Tu (n, ne)
1 600-2 100 m
10-30 cm
D : 2-3 mm

Prairies mésophiles

137. **Fritillaria thessala** Boissier

Prairies
Fritillaire
Liliaceae
Avril-Juin
Gr (n, s)
800-1 800 m
20-40 cm
D : 30-40 mm

Cette fritillaire appartient au groupe *F. graeca* Boiss., qui est des Balkans (s et c). Parmi les 99 espèces mondiales, la plupart sont ouest et centre- asiatiques. Les espèces méditerranéennes sont peu alticoles et ne dépassent pas 1 500-1 800 m ; en revanche, de belles espèces de montagne se répartissent entre l'est de la Turquie et la Chine, comme *F. latifolia* ou *F. minuta* d'Anatolie, qui dépassent 2 800 m. Certaines d'entre elles sont cultivées comme bulbes, à mi-ombre.

Photo © P. Authier, Timfi, Grèce, avril 1990.

138. **Alkanna pindicola** Haussknecht

Prairies, Fruticées
Orcanette
Boraginaceae
Mai-Juill.
Gr (n)
1 000-1 800 m
10-20 cm
D : 8-10 mm

Ce genre contient plus de 30 espèces, toutes méditerranéennes ou d'Iran. Le centre de gravité du genre est l'Anatolie, avec plus de 8 espèces de montagne, qui atteignent 2 400 m, comme *A. orientalis,* de Turquie centrale, ou *A. attilae,* du Taurus. L'espèce illustrée est du groupe *A. pulmonaria,* qui est ouest- et centro-balkanique.

Photo © P. Authier, Vrissohorion, Grèce, mai 1996.

Flore des rochers et des éboulis

139. **Aubrieta scardica** (Wettst.) Gustavsson

Rochers
Aubrieta
Brassicaceae
Mai-Juill.
Gr (n)
1 000-2 300 m
5-20 cm
D : 12-15 mm

Le genre contient entre 12 et 15 espèces de Mésogée orientale et d'Iran. Comme bien souvent, c'est en Anatolie qu'on trouve les espèces dépassant 2 000 m, comme *A. canescens*, du Taurus. En Italie méridionale vit *A. columnae* et en Sicile *A. deltoidea*. Ces plantes, vivaces, sont utilisables en jardins de rocaille ou pour des murs. L'espèce illustrée est balkanique, elle existe aussi en Albanie et en Serbie.

Photo © P. Authier, Gamila, Grèce, juillet 1996.

140. **Euphorbia capitulata** Reichenb.

Éboulis
Euphorbe
Euphorbiaceae
Juin-Août
Gr (n)
1 500-2 500 m
3-10 cm
D cyathes : 2-3 mm

Ce petit euphorbe vit notamment dans les éboulis calcaires, très importants sur les flancs du mont Olympe de Thessalie, audessus de 1 700 m. Il est utilisé en jardins de rocailles. Cette plante atteint la Serbie, la Macédoine. Fiche n° 133, *E. rigida*.

Photo : Olympe, Grèce, juillet 1987.

Flore des rochers et des éboulis

141. Minuartia pseudosaxifraga

(Mattf.) Greuter & Burdet

Éboulis
Minuartie
Caryophyllaceae
Juin-Juillet
End. Gr (n) ; Albanie
1 500-2 300 m
2-10 cm
D : 8-10 mm

Le genre *Minuartia* contient 120 espèces dont 90 % sont mésogéennes, à part quelques-unes qui atteignent l'Himalaya, le Mexique et le Chili. La plupart des espèces mésogéennes d'altitude sont anatoliennes (26 espèces) ; quelques-unes, comme l'espèce illustrée ici, sont balkaniques ; un troisième lot est ibérique. Plusieurs espèces sont utilisées en jardins de rocailles sur sols légers bien drainés, comme *M. juniperina*.

Photo © P. Authier, Gamila, Grèce, juin 1996.

GRÈCE DU SUD ET CRÈTE

Relique forestière dans les gorges de Samaria, dans l'ouest de la Crète
Au premier plan : *Pinus brutia* ; sur les pentes *Cupressus sempervirens*. Sous-bois à *Crataegus azarella*, *Berberis cretica* Rochers à *Sideritis syriaca*, *Ferulago nodosa*, *Anchuza coespitosa*, *Teucrium alpestre*. Les montagnes en arrière-plan sont à 1 700 m : limite du supra-oroméditerranéen.

142. Tanacetum corymbosum (L.) Schulz Bip.

Forêts de feuillus

Bois de feuillus
Chrysanthème
Asteraceae
Mai-Juill.
Al ; Ma ; Hs (s, c) ; It (s, c) ; Gr (n, s) ; Tu (n)
200-1 800 m
50-80 cm
D capitules : 25-30 mm

Ce chrysanthème vit dans les chênaies supraméditerranéennes, les ostryaies ou les hêtraies à sol rocailleux calcaire. L'espèce vit depuis le Péloponnèse jusqu'à la haute Provence, mais le taxon illustré est la var. *tenuifolium*, qui est sud-européenne. Fiche n° 223, *T. sorbifolium*.

Photo : Majella, Pescara, Italie, juin 1999.

143. Abies cephalonica Loud.

Bois de conifères

Bois
Sapin de Céphalonie
Abietaceae
Mai-Juin
Gr(s)
800-1 800 m
10-20 m
L cônes : 15-20 cm

39 espèces de sapins existent au niveau mondial ; dans d'hémisphère Nord tempéré, 10 ou 12 taxons sont mésogéens (voir présentation). L'essence illustrée couvre 300 000 ha en Grèce, avec un hybride : le sapin du roi Boris (*A. borisii-regis*). Le sapin de Céphalonie est endémique du sud de la Grèce et des îles Ioniennes. Il a besoin d'un climat humide ou sub-humide et vit sur des sols généralement calcaires. Il est très employé en reboisement (carte p. 12-13).

Photo : Kouroupia, Grèce, avril 1999.

144. **Pinus nigra** Arnold subsp. **pallasiana** (Lamb.) Holmboe

Bois de conifères

Bois
Pin de Pallas
Abietaceae
Mai-Juill.
Gr (n, s) ; Tu (n, sw) ; Chypre
1 000-2 000 m
10-20 m
L cônes : 6-8 cm

93 espèces de pins vivent dans l'hémisphère Nord et franchissent le Tropique à Sumatra et au Mexique. Sept espèces croissent en montagnes mésogéennes (voir présentation). Le pin de Pallas vit sous climat humide ou sub-humide, sur sols calcaires, pauvres. Il couvre plus d'un million d'hectares en Turquie (carte p. 16-17).

Photo : Taygète, Grèce, juillet 1981.

Bois de conifères

Bois
Cyprès
Cupressaceae
Avril-Juin
Cr ; Tu (w) ; Chypre ; Liban ; Libye
800-2 000 m
5-10 m
D cône : 20-25 mm

145. Cupressus sempervirens L.

En Crète, le cyprès sauvage forme des boisements de plus en plus dégradés par le pâturage en moyenne montagne, sur calcaire, sous climat sub-humide, voire semi-aride. Les gorges des monts Leuka sont réputées pour ces bois de cyprès. L'espèce est très proche du cyprès de l'Atlas (*C. atlantica* Gaussen) et du cyprès de Duprez, des tassilis sahariens. Le cyprès, toujours vert, est très cultivé dans le bassin méditerranéen.

Photo : Samaria, Crète, juillet 1981.

Bois
de conifères
Cyclamen
Primulaceae
Mars-Mai
End. Crète
500-1 200 m
5-15 cm
D : 20-25 mm

146. Cyclamen creticum Hildebr.

Les 17 ou 18 espèces de cyclamen vivent toutes entre le bassin méditerranéen et l'Iran. Comme souvent, les espèces alticoles sont anatoliennes, avec *C. coum* et *C. cilicium* qui atteignent 2 000 m dans le Taurus. Dans le Nord (chaînes pontiques), *C. parviflorum* atteint 2 300 m dans les prairies à Rhododendron et fleurit au printemps. Les espèces cultivées ne sont pas très alticoles, comme celle illustrée, qui ne dépasse pas 1 200 m, en sous-bois et parmi les lapiaz.

Photo : Lassithi, Crète, mai 1998.

147. **Juniperus communis** L. subsp. **hemisphaericus** (C. Presl.) Nyman

Junipéraies

Junipéraies
Genévrier nain
Cupressaceae
Avril-Mai
Al ; Ma ; Hs (s, c) ; It(s) ; Si ; Gr (n, s) ; Cr ; Tu (n, c)
1 500-2 500 m
30-50 cm
D "baies" : 6-8 mm

Cette espèce est semblable à *Juniperus communis* L. subsp. *nana* Syme *, mais ses feuilles et ses "baies" sont plus grandes et son écologie semble davantage liée au climat méditerranéen de montagne. Plusieurs auteurs considèrent que cette espèce est présente en France.

Photo : Ulu Dag, Turquie, juillet 1998.

148. **Prunus prostrata** Labill.

Junipéraies, Fruticées
Prunier
Rosaceae
Avril-Juin
Al ; Ma ; Hs (s, c) ; Sa ; Gr (n, s) ; Cr ; Tu (s, c) ; Liban
1 200-2 200 m
30-80 cm
D : 12-15 mm

Ce prunier, classé dans le genre *Cerasus*, a la particularité d'habiter aux deux extrémités du bassin méditerranéen. Dans l'ouest, c'est l'une des espèces de prunier les plus alticoles ; en revanche, en Anatolie, *P. brachypetala* (=*boissieri*), *P. incana* dépassent 2 400 m. L'espèce illustrée ici est présente aux étages oro- et altiméditerranéen, plutôt sur calcaire. L'espèce est facile à cultiver en lieu bien ensoleillé.

Photo : Teruel, Espagne, mai 1999.

Junipéraies

149. Morina persica L.

Cette curieuse plante fut classée dans les *Disacaceae* à cause de ses fleurs, elle est actuellement rangée dans une famille spéciale : les *Morinaceae*. Le genre contient 15 espèces qui présentent la diversité la plus forte en Himalaya. L'espèce illustrée est montagnarde, mais celles d'Asie dépassent 4 000 m, comme *M. coulteriana,* du Tibet, *M. nepalensis,* du Népal et de Chine de l'Ouest. On peut cultiver l'espèce illustrée au pied de murets, au soleil, mais elle ne supporte pas l'humidité.

Photo : Bulgar Maaden, Turquie, juillet 1998.

Fruticées
Morina
Disacaceae
Juin-Août
Gr (n, s) ; Tu (n, s) ; Liban
300-2 700 m
1-2 m
L : 30-50 mm

150. Digitalis lanata Ehrh.

Belle espèce, à corolles velues, des fruticées et lisières forestières, plutôt calcicole. Vit depuis la plaine jusqu'à l'étage supraméditerranéen. Fiche n° 169, *D. ferruginea.*

Photo : Kosovo, ex-Yougoslavie, juillet 1987.

Fruticées
Digitale
Scrophulariaceae
Mai-Juill.
Gr (n, s) ; Tu (n, w)
100-1 600 m
30-100 cm
L : 20-30 mm

Végétation à chaméphytes

151. Sideritis syriaca L.

Étage des chaméphytes
Sideritis
Lamiaceae
Mai-Juill.
It (c, s) ; Si ; Gr (n, s) ; Cr ; Tu(s) ; Liban
1 500-2 000 m
20-80 cm
L : 15-20 mm

L'espèce princeps est grecque, elle est représentée par un taxon proche, mais différent en Turquie et au Liban, et par la forme *S. sicula*, en Italie et en Sicile. Une autre espèce, *S. scardica*, est proche de ce groupe. La plante illustrée possède un feuillage argenté velu, elle est utilisée en infusion. Fiche n° 175, *S. phlomoides*.

Photo : Monte Pollino, Italie, juin 1999.

152. Astragalus parnassi Boissier subsp. cylleneus (Boiss. & Heldr.) Hayek

Étage des chaméphytes
Astragale
Fabaceae
Juin-Août
End. Gr(s)
900-2 000 m
10-40 cm
L : 18-22 mm

Cette astragale épineuse est aussi nommée *Astracantha thracica* (Griseb) Podl. Ainsi défini, ce taxon comprend, outre la plante illustrée, une forme de Grèce et une dernière en Calabre (Sila). C'est une astragale typique des pelouses "écorchées". Fiche n° 128, *A. rumelicus*.

Photo : Mont Helmos, Grèce, juillet 1981.

Végétation à chaméphytes

153. Asphodeline lutea (L.) Rchb.

Étage des chaméphytes, Rocailles
Asphodèle
Liliaceae
Mars-Mai
It (c, s) ; Si ; Gr (n, s) ; Cr ; Tu (w, s)
0-1 700 m
50-80 cm
D : 25-30 mm

Le genre bulbeux *Asphodeline* regroupe 19 espèces, du bassin méditerranéen jusqu'à l'Himalaya. L'espèce illustrée n'est que peu alticole ; elle est surtout fréquente sur le littoral et fleurit tôt. Toutefois, 6 ou 7 espèces dépassent 2 000 m et fleurissent en début d'été, comme *A. taurica,* en Anatolie. Quelques espèces sont cultivables sur sol bien drainé, en plein soleil.

Photo : Gorges d'Imbros, Crète, mai 1998.

154. Ebenus cretica L.

Étage des chaméphytes
Sainfoin
Fabaceae
Mars-Juill.
End. Cr
200-1 500 m
40-80 cm
L : 20-25 mm

Le genre *Ebenus* est assez proche de *Hedysarum* (sainfoin), mais les fleurs sont généralement regroupées en épi, ce qui rappelle certaines astragales. Ces espèces sont vivaces et sont au nombre de 18, entre la Crète et les montagnes d'Afghanistan. Sans aller si loin, l'Anatolie possède des *Ebenus* très alticoles, comme *E. laguroides*, qui dépasse 2 500 m. En revanche, l'espèce illustrée ici est peu alticole et présente deux variétés : l'une de plaine et une forme de montagne, non en coussinet.

Photo : Monts Leuka, Crète, mai 1998.

155. Daphne sericea Vahl.

Végétation à chaméphytes

Étage des chaméphytes
Daphne
Thymelaeaceae
Février-Mai
It (c) ; Cr ; Si ; Tu (w, s) ; Liban
200-1 600 m
40-80 cm
D : 10-12 mm

Cette belle espèce est fréquente dans les collines de Crète, sur lapiaz, vers 1 200 m, donc à la limite supérieure de l'étage mésoméditerranéen.

La plante est utilisable en rocaille, au soleil ou à mi-ombre. Fiche n° 170, *D. oleoides*.

Photo : Lassithi, Crète, mai 1998.

Flore des rochers

156. **Potentilla speciosa** Willd.

Rochers
Potentille
Rosaceae
Juin-Juill.
Gr (n, s) ; Cr ;
Tu (s, ne)
500-3 000 m
5-30 cm
D : 15-20 mm

Le genre *Potentilla* contient 500 espèces de l'hémisphère Nord, dont 32 dans les montagnes mésogéennes : 2/3 orientales et 1/3 occidentales, avec quelques formes rupicoles très esthétiques comme celle illustrée ici. Parmi les espèces anatoliennes, *P. lignosa* est presque arbustive, elle vit dans l'est de la Turquie jusqu'en Iran ; de même, *P. bifurca* est très particulière, elle vit entre le Kurdistan et la Russie. *P. deorum* est une belle espèce du mont Olympe. *P. subpalmata* atteint 4 000 m au mont Ararat. En région occidentale, *P. petrophila* est andalouse, *P. cinerea* * atteint le sud de l'Espagne, ainsi que *P. caulescens* *. L'espèce illustrée vit entre la Grèce et la Turquie, elle est aussi rupicole, calcicole.

Photo : Çukurbag, Turquie, juillet 1995.

157. **Silene auriculata** Sibth. & Sm.

Parmi les sous-espèces que contient cette belle espèce calcicole, l'une est grecque : le type qui atteint le mont Parnasse ; une autre, celle illustrée ici, est endémique centre-italienne et se nomme *S. a.* subsp. *lanuginosa* (Bertol.) Archangeli. Fiche n° 220, *S. compacta*.

Photo : Alpi Apuane, Italie, juillet 1985.

Rochers
Silene
Caryophyllaceae
Mai-Juill.
It (c) ; Gr (n, s)
1 000-2 000 m
5-20 cm
D : 20-25 mm

158. **Jurinea mollis** (L.) Reichenb.

Le genre contient 250 espèces, surtout asiatiques (centre et sud-ouest), dont 6 ou 7 dans les montagnes anatoliennes, par exemple *J. pulchella,* de l'est, *J. alpigena,* du nord, qui dépassent 2 400 m. Les espèces européennes ne sont pas très alticoles. C'est le cas de la plante illustrée qui est aussi nommée *J. moschata* (Guss.) D.C. et croît dans les rocailles de l'étage supraméditerranéen, dans une ambiance sub-humide (ostryaies, chênaies). Des espèces himalayennes comme *J. ceratocarpa* possèdent un port semblable à celui de *Berarda acaulis,* de haute Provence *.

Photo : Majella, Pescara, Italie, juin 1999.

Flore des rochers

Rochers
Jurinée
Asteraceae
Mai-Juill.
It (c, s) ; Gr (n, s) ; Tu (w, s)
300-1 700 m
30-70 cm
D capitule : 30-40 mm

159. **Saxifraga marginata** Sternberg

Rochers
Saxifrage
Saxifragaceae
Mai-Août
It (c, s) ; Gr (n, s)
1 000-2 400 m
3-10 cm
D : 10-15 mm

Le genre contient 300 espèces de l'hémisphère Nord et diffuse dans les montagnes tropicales. Une trentaine d'espèces croissent dans les montagnes mésogéennes et quelques-unes montent très haut : *S. sibirica* dépasse 3 300 m en Anatolie. Plusieurs espèces sont utilisées en jardins de rocaille, comme *S. iranica*, *S. sempervivum*, à mi-ombre. C'est également le cas de l'espèce illustrée, qui réussit mieux sous serre et fait partie du groupe *Kabschia,* dont fait également partie *S. coesia* *, des Alpes du Sud. Ces espèces possèdent une rosette et sont calcicoles.

Photo © P. Authier, Gamila, Grèce, mai 1996.

Flore des rochers

160. Arenaria cretica Sprengel

Cette sabline fait partie d'un groupe de 3 taxons proches : *A. antitaurica* Neil., de Turquie, *A. gionae* Gustafsson, de Grèce, et le taxon illustré, de Grèce et de Crète. Ces plantes croissent à l'étage des chaméphytes. Fiche n° 51, *A. pungens*.

Photo : Mont Helmos, Grèce, juillet 1981.

Rochers
Sabline
Caryophyllaceae
Juin-Août
Gr (n, s) ; Cr
1 500-2 000 m
5-10 cm
D : 5-8 mm

161. Verbascum arcturus L.

Cette plante n'est pas très alticole, mais elle représente bien les bouillons blancs mésogéens, rupicoles, et cette espèce est caractéristique des montagnes calcaires crétoises. Elle est représentée en Anatolie par un taxon très semblable : *V. spodotrichum* H. Morath. Le genre est repésenté par 360 espèces, dont 230 en Turquie ! De ce fait, c'est en Anatolie qu'on trouve la plupart des types montagnards, comme *V. oreophilum* ou *V. phoeniceum,* qui dépassent 2 500 m. En jardin, ces espèces sont difficiles à réussir et nécessitent un abri, ou une serre et du soleil.

Photo : Topolia, Crète, avril 1998.

Rochers
Bouillon blanc
Scrophulariaceae
Mars-Juin
End. Cr
100-1 300 m
20-30 cm
D : 12-15 mm

TAURUS TURC

Massif du Bolkar, Madenkoy
Pâturages altiméditerranéens à *Euphorbia kotschyana*, *Salvia multicaulis*, *Hypericum linarioides*, *Pedicularis cadmea*. Rochers à *Veronica tauricola*, *Nepeta cilicia*.

Les sommets dépassent 3 500 m. Juillet 1998.

(Itinéraire 8)

Bois de conifères

162. Abies cilicica (Ant. & Kotschy) Carrière

Bois de conifères
Sapin de Cilicie
Abietaceae
Mai-Juin
Tu (c, s) ; Liban
1 300-2 200 m
10-30 m
L cônes : 15-25 cm

La Cilicie est l'ancien nom du Taurus, et ce sapin supporte les climats froids à très froids, dans une ambiance sub-humide. Il est le plus souvent calcicole et associé au cèdre du Liban. On reconnaît deux sous-espèces : l'une à bourgeons résineux, du sud-ouest de la Turquie : *A. isaurica* ; l'autre à bourgeons non résineux, plus à l'est.

Photo : Akseki, Taurus, juillet 1998.

163. Cedrus libani (G. Don) Loudon

Bois de conifères
Cèdre du Liban
Abietaceae
Août-Sept.
Tu (w, s) ; Liban ; Syrie
1 000-2 300 m
10-30 m
L cônes : 7-10 cm

Le cèdre du Liban est bien plus abondant en Turquie qu'au Liban : il couvre plus de 150 000 ha en Anatolie (Taurus). Il vit sous un climat de type froid (régime d'hiver) et en ambiance sub-humide ou humide, sur calcaire. Il est moins utilisé en reboisement que *C. atlantica,* mais est très employé pour les parcs (carte p. 16-17).

Photo : Sinekçibeli, Turquie, juillet 1992.

164. **Ptilostemon afer** (Jacq.) Greuter subsp. **eburneus** Greuter

Bois de conifères

Bois de conifères
Chardon
Asteraceae
Juin-Août
Tu (n, c, s)
900-2 400 m
80-120 cm
D capitules : 20-40 mm

Ce *Ptilostemon* proche de *P. afer,* de Grèce, vit en sous-bois clair de sapin ou de cèdre ou sur les rocailles issues de la dégradation de ces bois, sur calcaire, ou encore dans les lits d'oueds. Fiche n° 112, *P. niveus*.

Photo : Akseki, Turquie, juillet 1998.

165. **Teucrium orientale** L.

Bois de conifères
Germandrée
Lamiaceae
Juin-Sept.
Tu (n, c, s) ; Liban
1 000-2 100 m
20-50 cm
L : 20-25 mm

Cette germandrée présente un port caractéristique en touffes denses, avec des fleurs bleu acier. Elle est calcicole et vit dans le domaine du sapin de Cilicie ou du cèdre. Fiche n° 74, *T. gnaphalodes*.

Photo : Akseki, Turquie, juillet 1998.

Bois de conifères

166. Pelargonium endlicherianum Fenzl

Cette espèce est l'une des deux représentantes anatoliennes du genre *Pelargonium*, bien connu sous le nom de "géranium", et dont le centre de diversité se trouve en Afrique australe (200 espèces sur 280 au total). Ce pélargonium vit sur calcaire, en rocaille, au soleil ou à l'ombre des cèdres ou des chênes. On peut le cultiver (nous l'avons gardé deux ans à Marseille, avec floraison), mais il craint l'humidité hivernale.

Photo : Akseki, Turquie, juillet 1998.

Bois de conifères
Pélargonium
Geraniaceae
Mai-Juill.
End. Tu (c, s)
1 200-1 600 m
10-30 cm
D : 30-35 mm

167. Papaver spicatum Boissier & Balansa

Bois de conifères
Pavot
Papaveraceae
Juin-Juill.
End. Tu(s)
1 400-2 000 m
50-70 cm
D : 30-35 mm

Le genre contient 50 espèces dans le monde, surtout en Asie centrale mais aussi en Amérique du Nord et en Afrique australe. C'est entre l'Anatolie et l'Iran qu'on trouve les espèces les plus alticoles, lesquelles se répartissent en trois groupes : la section *Macrantha,* avec *P. paucifoliatum,* qui atteint 2 700 m ; la section *Miltantha*, avec des bisannuelles comme *P. percicum* ou *P. armeniacum,* qui dépassent largement 2 700 m en Anatolie orientale, en Iraq et en Iran ; et enfin la section *Pilosa,* qui contient l'espèce illustrée ainsi que *P. lateritium,* qui dépasse 2 900 m dans les montagnes pontiques. Plusieurs espèces sont cultivables sur sol drainé, assez riche, en plein soleil.

Photo : Sinekçibeli, Turquie, juillet 1992.

168. Cotoneaster nummularia Fisch. & C.A. Meyer

Junipéraies

Ce genre contient 50 espèces de l'hémisphère Nord ; son centre de dispersion est la Sibérie, mais 5 à 7 formes vivent dans les montagnes mésogéennes, comme celle illustrée, sur calcaire, ou *C. granatensis,* de Sierra Nevada, qui atteint 1 800 m. Les plantes horticoles sont originaires d'Asie du Sud-Est.

Photo : Çamibel Geçidi, Turquie, juillet 1995.

Junipéraies
Cotoneaster
Rosaceae
Mai-Juill.
Ma ; Cr ; Tu (n, s) ; Liban ; Iraq (n) ; Iran
800-2 500 m
0,5-1,5 m
D fruits : 8 mm

169. Digitalis ferruginea L.

Le monde possède 19 espèces de digitales auxquelles il faut ajouter celles du genre *Isoplexis,* des Canaries. On dénombre 6 espèces véritablement montagnardes : 3 occidentales, 3 orientales. L'espèce illustrée dépasse largement le 40ᵉ parallèle dans les Balkans, mais elle est très caractéristique des fruticées du Taurus. L'espèce est représentée dans les montagnes humides du Pont (région de Trabzon) par la subsp. *schischkinii*. Quelques digitales sont employées en rocaille, à mi-ombre ou en plein soleil, bien rustiques.

Photo : Saklikent, Antalya, Turquie, juillet 1998.

Junipéraies, Fruticées
Digitale
Scrophulariaceae
Juin-Sept.
It(s) ; Gr (n, s) ; Tu (n, c, s)
1 000-2 700 m
60-100 cm
D : 12-15 mm

Végétation
à chaméphytes

170. Daphne oleoides Schreb.

Étage
des chaméphytes
Daphné
Thymelaeaceae
Févr.-Juill.
Al ; Ma ; Hs(s) ; Sa ;
Si ; It(s) ; Gr (n, s) ;
Cr ; Tu (n, c, s)
1 000-3 000 m
15-60 cm
D : 10-15 mm

Cette espèce de daphné est l'une des rares espèces circum-méditerranéennes et montagnardes. De plus, elle détient les records d'altitude : plus de 3 000 m, avec la subsp. *kurdica,* anatolienne.
La subsp. illustrée est *D. o. glandulosa*. Le genre contient 50 espèces dans le monde, dont 15-20 en Mésogée. Quelques espèces sont cultivables, comme celle illustrée ou *D. glomerata* ou encore *D. sericea,* illustrée plus haut (n° 155).

Photo : Bolkar, Turquie, juillet 1998.

171. Euphorbia kotschiana Fenzl

Cet Euphorbe appartient au groupe *Patellares* Prokh., avec *E. oblongifolia* Boiss., des montagnes pontiques, *E. macrostegia* Boiss., d'Anatolie, *E. amygdaloides* L., de France, et *E. characias* L., de Provence ✻. Cette grande herbe vit de préférence dans les fruticées ou les pelouses écorchées dans l'aire du cèdre ou du sapin de Cilicie. Fiche n° 133, *E. rigida*.

Photo : Bulgar Madden, Turquie, juillet 1998.

Étage
des chaméphytes
Euphorbe
Euphorbiaceae
Mai-Août
Tu (w, s) ; Liban
500-2 500 m
50-80 cm
D fruits : 6-7 mm

172. **Onosma bracteosa** Haussknecht

Végétation à chaméphytes

Étage des chaméphytes
Onosma
Boraginaceae
Mai-Juill.
End. Tu (n, c, s)
500-2 500 m
15-30 cm
L : 20-25 mm

Le genre Onosma est peu représenté en France (3-5 taxons) et avec ses 150 espèces mondiales, plus de 80 sont anatoliennes, dont 60 pour la grande section *Asterotricha* (Boiss.) Gürke, à laquelle appartient la plante illustrée. Parmi les 33 espèces turques d'*Onosma* montagnardes, 22 sont est-anatoliennes et dépassent l'altitude de 3 000 m. Les espèces balkaniques sont peu alticoles. Quelques *Onosma* sont cultivables, comme *O. alboroseum,* de Turquie, ou *O. tauricum*, sur sols très bien drainés, légers, au soleil. Ces espèces sont assez rustiques (R :-10 °C).

Photo : Bulgar Madden, Turquie, juillet 1998.

173. **Saponaria chlorifolia** Kunze

Curieuse espèce à feuilles perfoliées, c'est-à-dire soudées autour des tiges. Parmi les 30 espèces mondiales, moins de 10 sont mésogéennes et montagnardes ; la plupart sont anatoliennes comme *S. pumilio* qui dépasse 2300 m dans le Taurus et au Liban. *S. ocymoides* L. * est facile à cultiver, elle vient d'Europe du Sud-Ouest.

Photo : Saklikent/Antalya, Turquie, juillet 1998.

Étage des chaméphytes
Saponaire
Caryophyllaceae
Avril-Juill.
Tu (w, c) ; Gr (s)
800-2 000 m
5-10 cm
D : 10-15 mm

Végétation à chaméphytes

174. Acantholimon acerosum (Willd.) Boissier

Étage des chaméphytes
Acantholimon
Plumbaginaceae
Juin-Août
Tu (n, c, s) ; Liban
1 000-2 500 m
10-30 cm
D : 6-8 mm

Fort de ses 120 espèces, ce genre est le plus diversifié en Asie centrale (Iran, Iraq, Pakistan), mais plus de 40 taxons sont anatoliens. Ces plantes sont typiquement des chaméphytes en coussinets épineux comme les astragales et atteignent des altitudes remarquables, comme *A. dianthifolium*, est-anatolien : 3 600 m ! Quelques espèces sont utilisées en rocaille, comme *A. olivieri* ; elles ont une croissance lente.

Photo : Saklikent, Antalya, Turquie, juillet 1998.

175. Sideritis phlomoides Boissier & Balansa

Étage des chaméphytes
Sideritis
Lamiaceae
Juill.-Sept.
End. Tu(s)
1 800-2 500 m
15-30 mm
L : 15 mm

La plupart des 100 espèces de ce genre sont mésogéennes bien qu'elles se répartissent entre les îles Canaries et l'Iran. Moins de 20 espèces sont montagnardes et elles sont plus nombreuses dans la région occidentale, avec *S. glacialis,* de la Sierra Nevada, *S. stachyoides*, belle plante de la sierra de Maria (Granada), et *S. virgata,* d'Andalousie. En Orient, citons *S. libanotica,* qui dépasse 2 600 m. L'espèce illustrée ici est commune dans les pelouses écorchées, sur calcaire, au-dessus de 2 000 m, dans le Taurus (Bolkar).

Photo : Madden, Turquie, juillet 1998.

Végétation à chaméphytes

176. **Arnebia densiflora** (Ledeb.) Ledebour

Ce genre de 25 espèces est aussi nommé *Macrotomia* Ledeb. Une espèce vit en Afrique tropicale, mais le centre de diversité du genre est l'Asie, entre Iran et Himalaya du Népal. 5 espèces vivent en Anatolie, parmi lesquelles celle illustrée ici, qui vit aussi dans le Péloponnèse (mont Aroania). *A. pulchra* atteint 3 000 m dans les chaînes pontiques ; cette plante est cultivable sur sol argileux frais mais bien drainé, à mi-ombre ou au soleil.

Photo : Alhioca, Turquie, juillet 1995.

Étage
des chaméphytes
Arnébie
Boraginaceae
Mai-Août
Gr(s) ; Tu (ce, s)
1 000-2 600 m
25-40 cm
D : 20-25 mm

177. **Stachys lavandulifolia** Vahl.

Cette espèce est très différente des autres épiaires par ses calices et appartient à la section *Zietenia*, d'Anatolie. L'espèce illustrée vit dans les pelouses rocailleues du Taurus. Fiche n° 228, *S. macrantha*.

Photo : Bolkar, Turquie, juillet 1998.

Étage
des chaméphytes
Épiaire
Lamiaceae
Mai-Août
End. Tu (n, c, s)
1 000-3 500 m
10-30 cm
D : 20-25 mm

Végétation à chaméphytes

178. Sedum sempervivoides M. Bieberstein

Étage des chaméphytes
Sedum
Crassulaceae
Juin-Août
End. Tu (n, c, e, s) ; Iran
1 200-2 900 m
5-15 cm
D : 8-10 mm

Parmi les 600 espèces de *Sedum* dans le monde, 100 vivent dans le bassin mésogéen (d'après la *Med Check List*), mais moins du 1/4 d'entre elles sont montagnardes et peu d'espèces dépassent 3 000 m comme *S. magellense* ou *S. tenellum* d'Anatolie. Le *Sedum* illustré est très spécial par sa couleur et son port ; il appartient à la section *Sempervivoides* qui contient également *S. pilosum* Bieb., d'Anatolie, et aussi *S. cepaea* L., présent en France. L'orpin à port de joubarbe est cultivable par semis, et il se comporte alors comme bisannuel, alors que dans la nature c'est une plante monocarpique.

Photo : Erzinçan, Turquie, juillet 1992.

179. Arenaria ledebouriana Fenzl

Étage altiméditerranéen

Étage altiméditerranéen
Sabline
Caryophyllaceae
Juin-Août
End. Tu (n, c, s)
1 000-2 700 m
5-25 cm
D : 12-15 mm

Cette sabline fait partie du groupe *drypidea* Fenzl (ce qui signifie : à port de *Drypis*, voir n° 121), avec 4 espèces endémiques anatoliennes. L'espèce est très alticole et calcicole, nous l'avons récoltée aussi bien dans le Kachkar que dans le Taurus. Fiche n° 51, *A. pungens*.

Photo : Bolkar, Madden, Turquie, juillet 1998.

180. Centaurea mucronifera D.C.

Étage altiméditerranéen
Centaurée
Asteraceae
Juin-Août
End. Tu (e, s)
1 600-3 000 m
5-40 cm
D capitules : 25-30 mm

Le genre *Centaurea* est l'un des plus importants dans le bassin méditerranéen, avec plus de 250 espèces parmi les 450 du monde (qui atteignent, en faible nombre, l'Amérique du Nord, l'Australie). À elle seule, l'Anatolie possède 170 espèces, les plus nombreuses dans le sud et l'est. Au total, plus de 50 centaurées vivent dans nos montagnes, entre les îles Canaries (avec des taxons très primitifs) et l'Iran. L'espèce illustrée appartient à la section *Psephelloides* qui contient plus de 10 espèces, la moitié montagnardes. Parmi les espèces de l'Occident, citons *C. granatensis,* d'Andalousie calcaire, et des espèces très belles, toutefois peu alticoles, comme *C. haensleri,* de la province de Malaga.

Photo : Bolkar, Madden, Turquie, juillet 1998.

Étage altiméditerranéen

181. **Pedicularis cadmea** Boissier

Étage altiméditerranéen
Pédiculaire
Scrophulariaceae
Mai-Août
End. Tu (c, s)
1 600-3 000 m
5-13 cm
L : 20-25 mm

Cette pédiculaire est l'une des 10 espèces turques de montagne. Elle est génétiquement proche de *P. caucasica,* du Caucase et d'Iran. Cette plante est calcicole, elle vit dans les pelouses "alpines" des hautes altitudes. Fiche n° 117, *P. comosa*.

Photo : Bolkar, Madden, Turquie, juillet 1998.

182. **Oxytropis persica** Boissier

Étage altiméditerranéen
Astragale
Fabaceae
Juin-Juill.
End. Tu (e, s)
2 400-3 500 m
2-5 cm
L : 6-8 mm

Ce genre est proche du genre *Astragalus*, il contient 300 espèces dont 26 dans le bassin méditerranéen. Beaucoup d'espèces sont himalayennes (26 au Pakistan). Nos montagnes possèdent environ 12 espèces, dont 8 en Anatolie. La plante illustrée vit dans les pelouses fraîches sur calcaire, à haute altitude.

Photo : Bolkar, Madden, Turquie, juillet 1998.

183. **Onobrychis cornuta** (L.) Desv.

Étage altiméditerranéen

Étage altiméditerranéen
Sainfoin
Fabaceae
Mai-Juill.
Tu (n, ce, s) ; Caucase ; Iran ; Afghanistan...
1 200-3 000 m
10-20 cm
L : 12-16 mm

Cette espèce est doublement intéressante, car c'est un sainfoin épineux de la section *Dendrobrychis* D.C. et parce que c'est une plante dont le centre de gravité est l'Asie centrale. Le genre *Onobrychis* possède 130 espèces d'Eurasie et d'Afrique du Nord et du Centre. Des 16 taxons des montagnes mésogéenncs, 9 sont anatoliens, dont l'espèce illustrée ici, qui est très alticole. Ses épines la font ressembler à une astragale, mais la gousse est très différente.

Photo : Bolkar, Çukurbag, Turquie, juillet 1998.

184. **Jurinella moschus** (Habl.) Brotov.

Ce petit genre contient l'espèce illustrée et une autre, arménienne. Il n'est pas certain que ce genre soit génétiquement proche d'autres *Asteraceae* acaules à rosette duveteuse, mais cette espèce présente un port qui rappelle beaucoup *Berarda subacaulis,* des Alpes du Sud *. *Jurinella* vit dans les pelouses rocailleuses, sur calcaire, à haute altitude.

Photo : Çukurbag, Turquie, juillet 1995.

Étage altiméditerranéen
Jurinée
Asteraceae
Juill.-Août
Tu (n, s, e) ; Caucase ; N. Iran ; N. Iraq
1 500-3 500 m
5-8 cm
D capitule : 40 mm

Flore des rochers

185. Rosularia libanotica (Labill.) Murhead

Rochers
Joubarbe
Crassulaceae
Juin-Août
Tu (n, e, s) ; Liban
500-2 400 m
10-30 cm
D : 10-12 mm

Ce genre, riche en formes très esthétiques, contient 36 espèces depuis le bassin oriental jusqu'à l'Asie centrale. En montagne vivent moins de 12 taxons, entre Crète et Iran. En Anatolie, croissent des formes très alticoles atteignant 3 000 m (du groupe *libanotica*) ; en Iran, *R. reichingeri* atteint 3 800 m. Quelques formes sont intéressantes en rocailles ou en murets, au soleil, comme *R. sedoides, R. muratgahensis*. La plante illustrée ici appartient à l'espèce collective *libanotica* dont les nombreux taxons sont très difficiles à cerner.

Photo : Saklikent, Antalya, Turquie, juillet 1998.

186. Michauxia tchihateffii Fischer & C.A. Meyer

Rochers
Campanule
Campanulaceae
Juin-Juill.
End. Tu (c, e)
500-2 000 m
40-100 cm
D : 35-40 mm

Cette très belle campanule à inflorescence géante s'orthographie aussi *M. tchihatchewii* d'après Davis. Le genre contient 7 espèces, dont 5 autour de la Mésogée. Cette magnifique vivace n'est pas cultivée. En revanche, *M. campanuloides*, également du Taurus mais vivant à une moindre altitude, est utilisée en rocailles.

Photo : Çukurbag, Bolkar, Turquie, juillet 1995.

187. **Veronica tauricola** Bornmüller

Flore des rochers

Rochers
Véronique
Scrophulariaceae
Juin-Août
End. Tu(s)
1 800-3 000 m
6-20 cm
D : 8-10 mm

Ce vaste genre possède 180 espèces de l'hémisphère Nord tempéré, mais son centre de gravité se trouve entre l'Himalaya (28 espèces), le Pakistan (22 esp.) et l'Anatolie (80 esp). Dans cette dernière région, plus de 26 espèces sont montagnardes, dont 16 dans l'est et 7 dans le Taurus, comme celle illustrée. Parmi elles, certaines atteignent 3 000 m (section *Veronicastrum*). Les espèces cultivées (*V. armena*, *V. gentianoides* et *V. tauricola*), ainsi que la plupart des véroniques rudérales de France, sont originaires d'Asie occidentale. L'espèce illustrée est du groupe *Chamedrys* représenté en France.

Photo : Çukurbag, Bolkar, Turquie, juillet 1995.

188. **Nepeta cilicia** Boissier

Flore des rochers

Rochers
Nepeta
Lamiaceae
Mai-Sept.
Tu(s) ; Liban
1 000-2 700 m
20-80 cm
L : 22-30 mm

Cette belle espèce appartient au groupe *lamiifolia* Willd. et croît sur calcaire dans le Taurus, au Liban, et aussi en Israël. Le genre contient 250 espèces, du vieux monde tempéré jusque dans les montagnes d'Afrique centrale. Un grand groupe de *Nepeta* se diversifie entre Himalaya (31 esp.), Pakistan (41 esp.) et Anatolie (40 esp.) ; un second est centré sur le Maroc (14 esp.). La plupart des taxons des montagnes mésogéennes sont anatoliens, avec des espèces atteignant 3 500 m, voire 4 400 m, au mont Ararat (*N. transcaucasica*). Plusieurs espèces sont employées en rocailles, comme *N. amethystea* occidental.

Photo : Bolkar, Turquie, juillet 1998.

189. **Artemisia caucasica** Willd.

Flore des éboulis

Éboulis
Armoise
Asteraceae
Juin-Juill.
Tu (c, s) ;
E. Europe ;
Caucase
1 300-2 800 m
10-20 cm
D capitules :
5-7 mm

Cette armoise possède un port bleuté qui la fait ressembler un peu à nos génépis ; en réalité, elle est proche de *A. splendens*, armoise steppique arménienne. Fiche n° 92, *A. pedemontana*.

Photo : Çukurbag, Bolkar, Turquie, juillet 1995.

Flore des éboulis

190. Marrubium heterodon (Bentham) Boiss. & Bal.

Éboulis
Marrube
Lamiaceae
Juin-Août
End. Tu (s)
2 300-3 700 m
20-30 cm
D : 15-20 mm

30 espèces de marrubes se répartissent dans le bassin méditerranéen, avec un centre principal anatolien et un second au Maroc (en tout 20 espèces montagnardes). L'espèce illustrée, du Taurus, ressemble par son port à des marrubes occidentaux, comme *M. supinum,* d'Andalousie, qui peut être cultivé en rocaille, sous abri, au soleil. L'espèce illustrée est l'une des plus alticoles, sur calcaire.

Photo : Bolkar, Madden, Turquie, juillet 1998.

191. Asperula glomerata (Bieb.) Grisebach

Les aspérules comprennent 90 espèces eurasiennes et méditerranéennes, parmi lesquelles plus de 25 peuvent vivre en montagne, mais la plupart vivent en plaine. *A. laxiflora*, des chaînes pontiques (Anatolie), atteint 3 900 m, c'est un record. Quant à l'espèce illustrée, elle fait partie d'un groupe de 3 taxons d'Asie Mineure et Centrale. Quelques espèces sont utilisées en rocaille, comme *A. arcadiensis,* de Grèce, *A. sintenesii,* de Grèce et Turquie.

Photo : Çukurbag, Bolkar, Turquie, juillet 1995.

Éboulis
Aspérule
Rubiaceae
Mai-Juill.
Tu (n, c, s) ; Asie centrale
500-2 500 m
10-20 cm
L : 8-10 mm

Flore des éboulis

192. Cicer incisum (Willd.) K. Maly

Éboulis
Pois chiche
Fabaceae
Juill.-Août
Gr(s) ; Cr ; Tu (c, s) ; Liban
1 500-2 700 m
5-10 cm
L : 7-10 mm

40 espèces de pois chiches se dispersent entre la Grèce et l'Asie centro-orientale, où ils sont les plus diversifiés. L'espèce illustrée est l'un des pois-chiches vivaces typiques de la haute montagne orientale à climat semi-aride. *C. anatolicum*, lui aussi vivace, atteint 3 300 m.

Photo : Çukurbag, Bolkar, Turquie, juillet 1995.

193. Lamium eriocephalum Bentham

Éboulis
Lamier
Lamiaceae
Juin-Août
End. Tu(s)
1 800-3 700 m
5-20 cm
L : 30-32 mm

Les lamiers ne sont pas très montagnards, mais 11 espèces croissent dans les montagnes d'Anatolie, comme *L. crinitum*, d'Arménie et du nord de l'Iran, *L. tomentosum*, du pays kurde, qui dépassent 3 000 m. L'espèce illustrée présente le port typique des plantes d'éboulis calcaires : feuillage blanchâtre et très laineux.

Photo : Çukurbag, Bolkar, Turquie, juillet 1995.

194. **Vicia alpestris** Stev. subsp. **hypoleuca** (Boiss.) Davis

Cette vesce vivace fait partie d'un lot de plantes anatoliennes de haute altitude, comme *V. canescens*, du Taurus et du Liban, *V. rafigae*, du Kurdistan, qui dépassent 3 000 m. D'autres vesces sont occidentales, telle *V. pyrenaica,* présente en Sierra Nevada. Dans le monde, 140 espèces se répartissent surtout dans l'hémisphère Nord.

Photo : Madden, Bolkar, Turquie, juillet 1998.

Flore des éboulis

Éboulis
Vesce
Fabaceae
Mai-Juill.
Tu (n, c, s)
2 700-3 300 m
5-40 cm
L : 14-20 mm

195. **Ajuga chamaepitys** (L.) Schreber subsp. **glareosa** P.H. Davis

La bugle petit cyprès existe en France, mais le taxon illustré ici fait partie des 10 sous-espèces anatoliennes, dont 4 sont montagnardes. Comme pour d'autres plantes d'éboulis, le feuillage est tomenteux, clair.

Photo : Madden, Bolkar, Turquie, juillet 1998.

Éboulis
Bugle
Lamiaceae
Juin-Août
Tu (w, s)
1 600-2 600 m
5-10 cm
L : 18-20 mm

Flore des éboulis

196. **Scutellaria orientalis** L. subsp. **pinnatifida** Edmonson

Éboulis
Scutellaire
Lamiaceae
Avril-Août
la subsp. : Tu (c, s) ; N Iran
400-2 500 m
5-10 cm
L : 24-30 mm

Le genre est cosmopolite. Il contient 300 espèces, mais parmi les 60 taxons mésogéens, peu sont montagnards — moins de 25 – dont la majorité en Anatolie, suivis des espèces grecques, puis italiennes, et enfin 1 ou 2 espèces andalouses. La plante illustrée ici fait partie d'un groupe oriental de 20 sous-espèces.

Photo : Madden, Bolkar, Turquie, juillet 1998.

197. **Carduus lanuginosus** Willd.

Éboulis
Chardon
Asteraceae
Juill.-Août
End. Tu (n, c, s)
2 300-3 000 m
20-50 cm
D capitules : 20-30 mm

Le genre contient 91 espèces dans le monde (jusqu'en Afrique orientale), mais les montagnes mésogéennes ne possèdent pas plus de 20 espèces. En Andalousie, *C. granatensis* et *C. carlinoides* subsp. *hispanicus* dépassent 2 200 m, notamment en Sierra Nevada. En Grèce, notons *C. thessalus,* du Nord, et *C. cronius,* du Péloponnèse. L'espèce illustrée est l'une des huit des montagnes anatoliennes et l'une des plus alticoles. Là aussi, il faut noter la couleur argentée des feuilles.

Photo : Bolkar, Madden, Turquie, juillet 1998.

ANATOLIE CENTRALE ET ORIENTALE

Station de Palandoken, au-dessus d'Erzurum
Végétation de chaméphytes en coussinets, avec *Astragalus* div. subsp., *Ebenus macrophylla*, *Helichrysum plicatum*, *Campanula stricta*, *Verbascum* sp. Étage de type montagnard à climat continental.

2 300 m, juillet 1998.

Bois de feuillus

198. Quercus macranthera
Fischer ex C.A. Meyer

Bois
Chêne
Fagaceae
Août-Oct.
End. Tu (n, ce)
1 000-1 900 m
3-6 m
D glands : 12-15 mm

Cette essence à feuillage semicaduc est plutôt pontique et elle est représentée par la sous-espèce *syspirensis* (C. Koch) Menitsky ; elle vit aux étages supraméditerranéen en Anatolie centrale, et collinéen dans le Nord.

En Anatolie orientale, plusieurs chênes montent en altitude, comme *Q. pedunculiflora,* qui atteint 1 800 m, *Q. brandtii* arrive à 1 700 m, enfin, *Q. libani* monte à 2 000 m. Le chêne vert est rarissime en Turquie.

Photo : Zara, Turquie, juillet 1995.

199. **Pyrus elaeagnifolia** Pallas

Fruticées

Bois, pré-bois
Poirier
Rosaceae
Avril-Mai
Tu (c, e) ; Crimée
500-1 800 m
3-10 m
D : 30 mm

Ce poirier à feuille d'*Elaeagnus* est représenté dans ces régions par la sous-espèce *kotschyana*. Ce petit arbre est proche de *P. georgica,* du Caucase, et de *P. salicifolia,* du pays kurde. Ce poirier forme des pré-bois importants à riche flore au sol, notamment autour de Sivas et de Zara.

Photo : Çamibel Geçidi, Turquie, juillet 1995.

200. **Alcaea hoenackeri** (Boiss. & Huet) Boissier

Ce genre contient 27 espèces, dont 18 en Anatolie où 5 y dépassent l'altitude de 1 600 m. *Alcaea kurdica* atteint 2 500 m entre Turquie, Iran et Iraq. *A. excubita* est cultivée comme vivace sur sols secs et ensoleillés, bien drainés ; c'est une plante rustique (-20 °C), originaire du Nord-Est anatolien et qui ressemble beaucoup à l'espèce illustrée. Cette dernière vit dans les fruticées sur flysch ou ophiolites de moyenne altitude, nous la connaissons de la vallée de l'Euphrate, au pied du Munzur Daglari.

Photo : Erzinçan, Turquie, juillet 1995.

Fruticées
Guimauve
Malvaceae
Juin-Juill.
End. Tu
600-1 700 m
1-2 m
D : 60-70 mm

Végétation herbacée de moyenne altitude

Steppes
Gundelia
Asteraceae
Juin-Août
Chypre,
Tu (s, c, e) ;
N Iraq ; Iran
100-2 500 m
20-80 cm.
D incapitulescences :
30-40 mm

201. Gundelia tournefortii L.

Ce genre ne contient qu'une seule espèce, bisannuelle. Elle ressemble plus à un panicaut qu'à un chardon, bien qu'elle soit très épineuse, tant par ses feuilles coriaces qu'à ses inflorescences formées de capitules de capitules (incapitulescence). Les véritables capitules ont une forme pyramidale, sont imbriqués et contiennent 4-5 fleurs dont une seule est fertile. Cette plante est utilisée pour son latex consommé comme chewing-gum (*kenzer sakizi*) et les graines sont torréfiables. La plante fréquente les éboulis volcaniques (ophiolites) parmi des fruticées ou des prairies à annuelles, dans le sud et l'est de l'Anatolie, surtout entre 1 300 et 2 000 m.

Photo : Arapi Geçidi, Kaiseri, Turquie, juillet 1995.

202. Hedysarum cf. pannosum (Boiss.) Boissier

Végétation herbacée de moyenne altitude

Steppes
Sainfoin
Fabaceae
Mai-Juill.
Tu(e) ; Syrie
1 000-1 600 m
10-30 cm
D : 12-15 mm

Le genre contient 100 espèces de l'hémisphère Nord et présente un maximum de diversité dans les steppes et les prairies d'Asie occidentale ; toutefois, 14 espèces atteignent le Maroc. Mais ce genre n'est pas très alticole, et seulement 5 espèces dépassent l'altitude de 2 500 m en Anatolie, par exemple *H. hedysaroides* (3 000 m), *H. cappadocidum* (3 500 m). Les espèces anatoliennes sont difficiles à nommer et il faut observer très précisément la pilosité des feuilles et la structure des gousses.

Photo : Tercan, Erzurum, Turquie, juillet 1995.

Végétation herbacée de moyenne altitude

203. Chartolepis glastifolia (L.) Cass. & D.C.

Steppes
Centaurée
Asteraceae
Juill.-Août
Tu(e) ; Crimée ; Géorgie
1 500-2 500 m
40-80 cm
D capitules : 20-30 mm

Cette belle espèce appartient à la section *Chartolepis,* qui fait partie des *Centaurea*, mais ces plantes ont des feuilles entières, lancéolées et décurrentes. Les appendices des bractées des capitules sont arrondis et les fleurs sont jaunes. 3 espèces vivent en Anatolie. C'est un genre typiquement steppique.

Photo : Baskoy, Erzurum, Turquie, juillet 1995.

204. Origanum acutidens (Handel-Mazzatti) Iestward

Steppes
Dictamme
Lamiaceae
Juin-Août
End. Tu (n, ce)
1 000-3 000 m
20-50 cm
L : 10-16 mm

Le genre *Origanum* possède 38 espèces ; son centre de gravité se trouve en pleine Anatolie, avec plus de 75 % des taxons. Plus de 8 espèces y sont montagnardes et dépassent 2 500 m, comme *O. syriacum,* du Sud-Est turc. Plusieurs espèces, comme *O. majorana,* sont cultivées en rocailles ou murets, elles sont rustiques (-10 °C), mais nécessitent un lieu ensoleillé, bien drainé. La plupart de ces plantes appartiennent à la section *Amaracus* (carte p. 12-13) ; c'est le cas de l'espèce illustrée et du dictamne de Crète.

Photo : Ispir, Erzinçan, Turquie, juillet 1998.

Végétation herbacée de moyenne altitude

205. Ebenus cf. macrophylla Jaubert

Steppes
Sainfoin
Fabaceae
Juin-Juill.
End. Tu (ce)
1 500-2 500 m
30-40 cm
L : 20 mm

Cette espèce illustre bien le genre, dont le centre de dispersion est l'Anatolie orientale. *E. laguroides* atteint 2 700 m. Ces plantes sont des steppiques d'altitude, elles vivent souvent parmi les Astragales et leur ressemblent. Fiche n° 154, *E. cretica*.

Photo : Palandoken, Erzurum, Turquie, juillet 1998.

206. Atraphaxis billardierii Jaubert & Spach

Steppes
Polygonaceae
Mai-Juill.
Tu (ce, n) ; Iran ; Arménie
1 900-2 600 m
30-60 cm
D fruit : 8-10 mm

Le genre *Atraphaxis*, avec ses 18 espèces, est irano-touranien et steppique ; il est présent en Égypte, Himalaya, Sibérie, Asie Centrale. Ce genre est proche de *Calligonum* des déserts asiatiques. L'espèce illustrée vit dans les steppes, sur calcaire, vers 2 000 m. Nous l'avons rencontrée au Munzur Daglari, près de l'Euphrate. Les fruits sont munis d'ailes caractéristiques.

Photo : Kemah, Turquie, juillet 1995.

Végétation herbacée de moyenne altitude

207. Scabiosa pseudograminifolia Huber Morath

Steppes
Scabieuse
Dipsacaceae
Juin-Août
End. Tu (ce)
1 500-1 800 m
20-40 cm
D inflorescences : 25-30 mm

Cette scabieuse fait partie de la section *Lomelosia* Rafin. dont la fiche est traitée à *L. crenata* (n° 129). La plante présente un port très particulier, caractéristique de quelques espèces steppiques, comme *Grammosciadium*, une ombellifère de la même région : ces plantes vivaces ont une allure de graminée avec des feuilles étroites, entières, et des inflorescences bien dégagées, portées par de longs axes nus. *Scabiosa* (*Lomelosia*) *hololeuca* est très proche de l'espèce illustrée, elle possède des fleurs jaunes (au Kurdistan).

Photo : Baskoy, Erzinçan, Turquie, juillet 1995.

208. Salvia coespitosa Montbret & Aucher

Steppes, Prairies
Sauge
Lamiaceae
Mai-Juill.
End. Tu (ce, se)
1 400-2 400 m
15-50 cm
L : 18-30 mm

La fiche du genre *Salvia* est placée à *S. lavandulifolia* (n° 70), mais, en région mésogéenne, le pays où il est le plus diversifié est l'Anatolie, avec de nombreuses espèces montagnardes. L'espèce illustrée est l'une de ses représentantes, elle fait partie d'un groupe complexe de sauges, avec *S. pachystachys*, *S. heldreichiana*, *S. rosifolia* qui possèdent des feuilles imparipennées. La sauge cespiteuse semble liée à des sols calcaires, drainés, caractéristiques des montagnes de la région d'Erzurum.

Photo : Munzur Daglari, Turquie, juillet 1995.

209. Delphinium albiflorum D.C.

Pelouses d'altitude

Les dauphinelles sont au nombre de 250 dans le monde, avec un net centre entre Himalaya (24 esp.) ; Pakistan (16 esp.) et Anatolie (30 esp.). Ce dernier abrite plus de 15 espèces vivaces de montagnes, souvent fort belles, qui prospèrent entre 1 500 et 2 700 m. Les espèces de la section *Delphiniastrum* sont souvent appréciées en jardin. Les plus belles espèces de la région sont dans les montagnes pontiques, avec des formes géantes, comme *D. formosum* Boiss., du Kachkar.

Photo : Palandoken, Erzurum, Turquie, juillet 1998.

Rocailles d'altitude
Pied-d'alouette
Ranunculaceae
Juin-Juill.
Gr (n) ; Tu (ce, n) ; Bulgarie
1 800-2 200 m
20-40 cm
L : 18-25 mm

210. Aethionema grandiflorum Boiss. & Hoen.

Le genre *Aethionema* comporte 40 espèces, dont 30 en Anatolie et 4 au Maroc. Seize espèces d'Anatolie sont montagnardes, comme celle illustrée ou encore comme *A. speciosum,* du Nord-Est turc, qui dépasse 3 000 m, ou *A. oppositifolium,* du Taurus. Les espèces cultivées en rocailles, sur schiste ou calcaire, en plein soleil, proviennent généralement d'Asie Mineure, telle celle illustrée, ou *A. schistosum*.

Photo : Munzur Daglari, Erzinçan, Turquie, juillet 1995.

Rocailles d'altitude
"Iberis"
Brassicaceae
Mai-Juill.
Tu (ce, ne) ; Iran ; Iraq
1 000-3 000 m
10-30 cm
D : 8-12 mm

Pelouses d'altitude

211. Hypericum scabrum L.

Rocailles d'altitude
Millepertuis
Hypericaceae
Mai-Août
Tu (ne, ce, se) ; Iran ; Iraq
800-3 000 m
15-40 cm
D : 15-20 mm

D'après la *Med Check List*, le bassin méditerranéen possède un tiers des 370 espèces mondiales de millepertuis. En Mésogée, existent deux principaux centres de dispersion : l'un occidental, avec d'étonnantes espèces canariennes, comme *H. grandiflorum* qui atteint 1 500 m à Tenerife ; l'autre oriental, avec 80 espèces turques, dont plus de 12 en montagne, et la plupart appartenant à la section *Taeniocarpum,* comme celle illustrée. Cette dernière est commune dans les prairies altimontanes, sur calcaire, vers Erzurum ou Kayseri.

Photo : Munzur Daglari, Erzinçan, Turquie, juillet 1995.

212. **Rindera lanata** (Lam.) Bunge

Pelouses d'altitude

Pelouses d'altitude
Rindera
Boraginaceae
Mai-Juill.
Tu (ne, ce) ; N. Iraq ; NW Iran
1 000-2 500 m
15-36 cm
L : 20-25 mm

Le genre *Rindera* est souvent regroupé avec les genres *Paracaryum, Mattia*, *Mattiastrum* et *Solenanthus* qui, ensemble, contiennent plus de 60 espèces, surtout d'Asie Centrale, avec une quinzaine d'espèces de montagne en Anatolie. Au sens strict, le genre *Rindera* possède moins de 25 espèces, dont 4 dans les montagnes anatoliennes. *Paracaryum lithospermifolium* (Lam.) Grande atteint 3 000 m dans le Taurus et vit aussi en Crète et en Grèce. Dans le Pinde de Grèce, *Rindera graeca* vit dans les mèmes biotopes que l'espèce illustrée.

Photo : Munzur Daglari, Erzinçan, Turquie, juillet 1995.

Flore des rochers

213. **Rosularia haussknechtii** Boissier & Reuter

Rochers
Joubarbe
Crassulaceae
Mai-Juill.
End. Tu (ce)
2 000-3 000 m
5-8 cm
D : 6-8 mm

L'un des *Rosularia* à rosette bien dégagée de l'inflorescence, d'Orient, proche de *R. reichingeri* du pays kurde. Très belle espèce calcicole de haute altitude qu'il est inutile d'essayer de cultiver (craint l'humidité hivernale). Fiche n° 185, *R. libanotica*.

Photo : Munzur Daglari, Erzinçan, Turquie, juillet 1995.

214. **Sempervivum davisii** Murhead

Rochers
Joubarbe
Crassulaceae
Juin-Août
End. Tu (ce, ne)
1 500-2 500 m
15-20 cm
D : 16-25 mm

Mabberley indique 42 espèces de joubarbes dans le monde, elles sont toutes mésogéennes ou alpines. Les montagnes anatoliennes posèdent 10 espèces, dont 7 appartiennent au groupe *S. transcaucasicum,* qui inclut l'espèce illustrée. Actuellement, les espèces cultivées en rocailles sont d'origine alpine. L'espèce illustrée ici semble assez commune dans le centre de l'Anatolie, au-dessus de 2 000 m.

Photo : Palandoken, Erzurum, Turquie, juillet 1998.

215. **Helichrysum plicatum** D.C.

Flore des rochers

Avec ses 350 espèces, le genre *Helichrysum* est cosmopolite, très diversifié en Afrique australe et en Australie. Toutefois l'Anatolie constitue un important centre de spéciation, avec 16 taxons, dont 5 en montagne : 1 dans les chaînes pontiques et 4 dans le Centre, parmi lesquelles *H. pallasii* et *H. graveolens,* qui dépassent 3 500 m. Quelques espèces sont utilisées en rocaille, comme *H. thianshanicum,* du Turkestan, sur sols bien drainés, au pied de murs, au soleil.

Photo : Palandoken, Erzurum, Turquie, juillet 1998.

Rocailles
Immortelle
Asteraceae
Juin-Août
Tu (ne, ce, s)
1 400-3 000 m
5-40 cm
D capitules :
5-9 mm

216. **Gypsophila briquetiana** Schischk.

Le genre *Gypsophila*, avec ses 125 espèces, est typiquement steppique ; d'ailleurs, son centre de gravité est l'Asie centrale. Parmi les espèces mésogéennes, 80 % sont anatoliennes et quelques-unes (non montagnardes) sont ibéro-nord-africaines. L'Anatolie possède 22 espèces de montagne, certaines très alticoles comme *G. adenophylla* du Sud-Est anatolien. À côté des gypsophiles, le genre *Acanthophyllum,* qui se présente comme une gypsophile épineuse d'Asie Occidentale (Pakistan, 3 espèces en Turquie), le genre montagnard *Allochrusa,* avec 2 espèces entre Turquie et Iran, le genre *Bolanthus,* et enfin le genre *Phryna*, ces deux derniers de moyenne altitude. Quelques gypsophiles sont employés en rocailles, sur sol drainé, au soleil, comme *G. aretioides* d'Iran.

Photo : Munzur Daglari, Erzinçan, Turquie, juillet 1995.

Rochers
Gypsophile
Caryophyllaceae
Juill.-Août
End. Tu (ce)
1 700-2 500 m
3-8 cm
D : 10-15 mm

Végétation des lieux humides

217. **Cephalaria sparcipilosa** Matthews

Le genre contient, d'après Régine Verlaque, 80 espèces méditerranéennes, jusqu'en Afrique australe et orientale. L'Anatolie en possède 35, dont 14 en montagne, la plupart du Centre et de l'Est. L'espèce illustrée est de grande taille, elle vit dans les prairies humides, denses, des montagnes de la région d'Erzurum.

Photo : Palandoken, Turquie, juillet 1998.

Prairies humides
Scabieuse
Dipsacaceae
Juill.-Août
End. Tu (ce)
2 000-3 000 m
30-80 cm et plus
D capitules : 15-20 mm

218. **Inula helenium** L. subsp. **turcoracemosa** Grierson

Le genre contient 90 espèces d'hémisphère Nord, mais l'Asie Centrale (20 esp. en Himalaya, 20 au Pakistan, 26 en Anatolie) est un centre très important. La Turquie orientale possède des inules très alticoles, comme *I. orientalis*, du Nord, qui atteint 2 900 m, *I. acaulis,* qui atteint 3 600 m. *I. racemosa,* d'Himalaya, ressemble beaucoup à l'espèce illustrée (d'où son nom).

Photo : versant sud de l'Ovitdag Geçidi, Turquie, juillet 1998.

Torrents
Inule
Asteraceae
Juill.-Sept.
Tu (ne, ce) ;
Arménie
1 000-2 000 m
1-2 m
D capitules : 30-40 mm

219. **Gentiana gelida** Bieberstein

Végétation des lieux humides

Ruisseaux
Gentiane
Gentianaceae
Juin-Sept.
Tu (ne, ce) ;
Arménie ;
Caucase ; N. Iran
2 000-3 000 m
20-40 cm
D : 20-30 mm

Les deux genres proches, *Gentiana* et *Gentianella*, contiennent 435 espèces dans le monde. La *Med Chek List* comptabilise 77 taxons, parmi lesquels existent des formes très alticoles : *G. boissieri*, qui atteint 2 700 m au Taurus, *G. boryi*, qui atteint 2 800 m en Sierra Nevada, ainsi que *G. atlantica*, de l'Atlas marocain. Le genre proche, *Gentianodes*, vit en Himalaya (Pakistan, etc.). L'espèce illustrée, de même que *G. septemfida* des chaînes pontiques, est cultivée sur sols humides, acides.

Photo : Palandoken, Erzurum, Turquie, juillet 1998.

220. **Silene compacta** Fischer

Le genre *Silene* est très mésogéen, puisque sur les 500 espèces comptabilisées par Mabberley, 380 sont dans la *Med Chek List* ! Les espèces les plus alticoles sont orientales : Himalaya, avec 24 espèces, dont *S. setisperma*, qui atteint 4 000 m ; Pakistan, avec 28 espèces, dont *S. gonosperma*, à 4 000 m aussi. En Mésogée, les espèces alticoles vont de l'Atlas et la Sierra Nevada (avec *S. boryi*) à l'Anatolie, avec plus de 20 espèces montagnardes. *S. dianthoides*, au mont Ararat, atteint 4 000 m, *S. saxatilis* : 3 400 m. Des sections entières, comme la section *Cœspitosa*, sont très alticoles en Anatolie. L'espèce illustrée ici est plutôt centre et nord-anatolienne.

Photo : Ispir, Turquie, juillet 1998.

Torrents, Bois
Silene
Caryophyllaceae
Mai-Août
Gr (n) ; Balkans ;
Tu (n, ce) ;
Caucase ;
Arménie, NW Iran
500-2 000 m
30-80 cm
D : 12-15 mm

ANATOLIE DU NORD-OUEST

Végétation de type subalpin sur granite et sous climat à tendance océanique
Ovitdag Geçidi, au sud de Rize, avec séneçon vivace, *Geranium psilostemon*, *Rumex* sp., *Stachys macrantha* très abondant.
2 700 m, les sommets avoisinent 3 400 m.

221. **Lathyrus roseus** Steven

L'espèce illustrée appartient à la section *Orobus* dont les espèces, vivaces, possèdent des feuilles à une paire de folioles et une arête. Parmi les 150 espèces mondiales de gesses, plus de 25 vivent dans les montagnes mésogéennes, par exemple *L. filiformis* * qui descend en centre Espagne, *L. digitatus* qui vit en Calabre, *L. grandiflorus* qui croît en Grèce, jusqu'au Péloponnèse. Toutefois, c'est encore en Anatolie, surtout du Nord que poussent les gesses vivaces les plus nombreuses (14 en montagne), dont l'espèce illustrée qui s'abrite sous les hêtraies.

Photo : Kuçkayaci Geçidi, Turquie, juillet 1995.

Bois de feuillus ou de conifères

Hêtraies
Gesse
Fabaceae
Mai-Juill.
Tu (n, ne) ;
Crimée ; Caucase
500-1 800 m
40-60 cm
L : 12-20 mm

222. **Campanula lactiflora** Bieberstein

Le genre *Campanula* est extraordinairement diversifié, avec 300 espèces dont 260 d'après *Med Chek List*. Tous les types herbacés existent, depuis les grandes herbes vivaces, comme l'espèce illustrée, en passant par des formes rameuses, telle *C. hawkinsiana,* du Pinde, ou *C. tridentata,* des pelouses du Pont et du Caucase, ou encore *C. isaurica,* du karst d'Ermenek. En Anatolie nord-orientale, des espèces dépassent 3 000 m. Quelques campanules sont cultivées en rocaille ou pour des murets, comme *C. betulifolia* (n° 234) (sous serre alpine) ou *C. tridentata*.

Photo : versant nord de Ovitdag Geçidi, Rize, Turquie, juillet 1998.

Hêtraies,
Pessières
Campanule
Campanulaceae
Juill.-Sept.
Tu (n, ce)
1 000- 2 300 m
1-1,5 m
D : 15-20 mm

Bois de feuillus ou de conifères

223. Tanacetum sorbifolium (Boissier) Grierson

Bois, Fruticées
Tanaisie
Asteraceae
Juill.-Sept.
Tu (n) ; Géorgie
1 500-2 000 m
0,5-1,5 m
D capitules :
12-15 mm

Ces chrysanthèmes sont d'excellents représentants des grandes herbes vivaces à grandes fleurs caractéristiques des montagnes orientales à étés humides (tendance océanique ou continentale). Le genre *Tanacetum* contient 70 espèces, la plupart ne sont pas méditerranéennes. En Anatolie, 29 espèces dépassent l'altitude de 2 000 m, comme *T. kotschyi* du pays kurde. D'ailleurs, les espèces cultivées sont, par exemple, caucasiennes comme *T. coccineum*. Le genre *Tanacetum* est plus ou moins équivalent à *Pyrethrum*.

Photo : Ovitdag Geçidi, Rize, Turquie, juillet 1998.

224. Telekia speciosa (Schleicher) Baumg.

Bois
Inule
Asteraceae
Juill.-Sept.
Gr (n) ; C Europe ;
Tu (n, ne) ;
Caucase
300-1 800 m
1-2 m
D capitules :
5-8 cm

Encore une très grande herbe vivace, caractéristique des bois de feuillus ou de conifères. Dans le nord de la Turquie, cette plante vit sous climat à tendance océanique (brouillards d'été) ; en revanche, au Timfi grec, *Telekia* vit dans les vallons humides, aux étages supra- et oroméditerranéen sous des pins de Pallas. Cette plante est cultivée, sur sol frais, profond, à mi-ombre ; elle résiste au gel.

Photo : Uzungol, Rize, Turquie, juillet 1998.

225. **Sedum stoloniferum** S.G. Gmelin

Cette petite plante grasse est la représentante de l'un des rares orpins capables de croître à l'ombre, en lieux frais ; c'est aussi une typique espèce vivant au sol des bois pontiques, à côté des rhododendrons jaunes et des houx de Colchide, en ambiance très humide. Cet orpin est cultivé.

Photo : Uzungol, Rize, Turquie, juillet 1998.

Bois de feuillus ou de conifères

Bois
Orpin
Crassulaceae
Juill.-Août
Tu (n, ne) ;
N. Iran ; Caucase
1 000-1 800 m
10-20 cm
D : 10-13 mm

Pelouses "montagnardes"

226. **Geranium ibericum** Cav. subsp. **jubatum** (Hand.-Mazz.) Davis

Pelouses montagnardes
Géranium
Geraniaceae
Juill.-Août
Tu (ne)
1 800-3 000 m
15-40 cm
D : 35-40 mm

Le genre *Geranium* (à ne pas confondre avec *Pelargonium*) comprend 300 espèces du monde tempéré. Mais le genre diffuse dans les montagnes tropicales, notamment en Asie : plus de 60 espèces vivent en Himalaya et au Cachemire. En Mésogée, le genre est plutôt oriental ; par exemple, *G. asphodeloides* vit en montagne, au nord de la Grèce et en Turquie. En région occidentale, *G. cinereum* est en Italie (s) et en Espagne (s), avec la forme *G. cazorlense* des karsts andalous. Le très beau *G. canariense*, à Tenerife, ne dépasse pas 1 000 m. Plusieurs *Geranium* sont cultivés en lieu ensoleillé, sur sol brien drainé, comme l'espèce illustrée ou encore *G. psilostemon* présenté ci-après.

Photo : Ovitdag Geçidi, Rize, Turquie, juillet 1998.

227. **Geranium psilostemon** Ledebour

Pelouses montagnardes
Géranium
Geraniaceae
Juin-Sept.
Tu (ne, ce) ;
Caucase
1 400-2 400 m
20-80 cm
D : 30-35 mm

Encore une belle espèce de géranium des montagnes pontiques, assez commun dans les pelouses ou les frucitées à rhododendron. Cette vivace est cultivable (voir fiche précédente). Les fleurs sont caractéristiques, du fait de la tache sombre à chaque pétale.

Photo : Ovitdag Geçidi, Rize, Turquie, juillet 1998.

228. **Stachys macrantha** (Koch) Stearn.

Le genre possède 300 espèces du monde tempéré. L'Himalaya et le Cachemire constituent un grand centre de diversité du genre, avec de très belles espèces. La *Med Chek List* répertorie 200 taxons, dont 110 en Anatolie et 30 en Espagne. En zone occidentale, *S. saxicola* vit dans les rochers du Sud-Ouest marocain, *S. circinnata*, se rencontre en Afrique du Nord et dans les sierras autour de Ronda, en Andalousie. Les espèces cultivées sont généralement d'origine balkanique, en rocailles ensoleillées sur sol riche, bien drainé. Les espèces les plus alticoles sont en Anatolie nord-orientale, comme l'espèce illustrée ou comme *S. rizensis* qui atteint 3 600 m. Le *Stachys* illustré forme des peuplements presque purs vers 2 500 m, dans le Kachkar turc, et les enfants montent pour en faire des bouquets superbes.

Photo : Ovitdag Geçidi, Rize, Turquie, juillet 1998.

Pelouses "montagnardes"

Pelouses montagnardes
Bétoine
Lamiaceae
Juin-Sept.
Tu (ne, ce) ; Caucase ; NW Iran
1 600-3 300 m
10-60 cm
L : 30-35 mm

Pelouses "montagnardes"

229. Centaurea appendicigera C. Koch

Cette centaurée est la seule de la section *Aetheopappus-Psephelloides* qui possède des fleurs jaunes. Cette section contient une dizaine de très belles espèces des hautes montagnes d'Anatolie et du Caucase, comme *C. mucronifera* (n° 180).

Photo : Ovitdag Geçidi, Rize, Turquie, juillet 1998.

Pelouses montagnardes
Centaurée
Asteraceae
Juill.-Août
End. Tu (ne)
2 500-3 500 m
7-30 cm
D capitules : 30-40 mm

230. Primula algida Adams.

Plus de la moitié des 400 espèces de primevères vivent dans les montagnes d'Himalaya et d'Asie du Sud-Est, avec de belles plantes comme *P. macrophylla,* du Cachemire, qui ressemble à l'espèce illustrée. Peu de primevères sont spéciales aux montagnes mésogéennes : ces plantes préfèrent des climats plus continentaux ou de type mousson. 3 espèces sont montagnardes en Anatolie, dont 2 dans le Nord. *Primula elatior* subsp. *meyeri*, du Nord-Est anatolien, est cultivée sur sol bien drainé, tourbeux, au soleil ou à mi-ombre, c'est une plante rustique (-30 °C). L'espèce illustrée est assez commune dans les pelouses et rochers du Kachkar, au-dessus de 2 500 m, sur granite ou roches ignées.

Photo : Ovitdag Geçidi, Rize, Turquie, juillet 1992.

Pelouses montagnardes
Primevère
Primulaceae
Mai-Juill.
Tu (n, ce) ; Caucase
2 000-3 500 m
10-20 cm
D : 15-20 mm

231. **Rhododendron caucasicum** Pallas

Pelouses "montagnardes"

Étage alpin
Rhododendron
Ericaceae
Mai-Juill.
Tu (ne, ce) ;
Géorgie ; Caucase
2 000-3 000 m
30-80 cm
D : 30-35 mm

Avec ses 850 espèces, souvent cultivées, ce genre est incontournable ; malheuresement, ses représentants ne supportent pas le climat méditerranéen : à part la rarissime relique *R. ponticum* subsp. *baeticum* des collines du Sud-Ouest de l'Andalousie, les rhododendrons européens sont alpins ou des Carpathes. En Anatolie, 4 espèces sont localisées dans les chaînes pontiques, parmi lesquelles *R. luteum,* commun sous les hêtraies ou les pessières, et l'espèce illustrée, très alpestre, qui rappelle beaucoup les formes himalayennes de haute altitude. Le rhododendron pontique à fleurs roses est commun en Turquie, mais il ne dépasse pas 1 500 m.

Photo : Ovitdag Geçidi, Rize, Turquie, juillet 1992.

232. **Draba hispida** Willd.

Cette drave est l'une des 12 espèces caucasiennes de haute montagne dont certaines atteignent 4 000 m, comme *D. araratica*. L'espèce illustrée vit dans les pelouses rocailleuses du Nord-Est anatolien. Fiche n° 31, *D. oreadum*.

Photo : Ovitdag Geçidi, Rize, Turquie, juillet 1992.

Pelouses alpines
Drave
Brassicaceae
Avril-Août
Tu (ne, ce)
1 000-3 200 m
5-20 cm
D : 8-16 mm

Pelouses "montagnardes"

233. **Gentiana pyrenaica** L.

Pelouses alpines
Gentiane
Gentianaceae
Mai-Juill.
Hs(s) ; Tu (ne)
1 800-3 000 m
3-8 cm
D : 20-30 mm

Le nom de cette gentiane indique bien qu'elle vit également en France, mais aussi dans les Carpathes, le Rhodope. C'est un cas intéressant d'espèce montagnarde, présente depuis la Sierra Nevada jusque dans le Caucase. Plante utilisée en rocaille. Fiche n° 219, *G. gelida*.

Photo : Ovitdag geçidi, Rize, Turquie, juillet 1992.

234. **Campanula betulifolia** C. Koch

Rochers
Campanule
Campanulaceae
Mai-Juill.
Tu (ne, ce)
500-2 300 m
10-25 cm
D : 20-25 mm

Cette campanule à feuilles de bouleau est rupicole. Elle vit dans le Nord-Est de la Turquie, à moyenne altitude, dans l'ambiance des sapinières à *Abies bornmuelleriana*, sur le versant sud des chaînes pontiques. Fiche n° 222, *C. lactiflora*.

Photo : Sehitler Geçidi, Giresun, Turquie, juillet 1991.

VI - Quelques hauts lieux de la botanique montagnarde autour de la Méditerranée

Le plus haut volcan du monde méditerranéen

Itinéraire n° 1 : Le Teide, île de Tenerife (Canaries)

Carte de base : Estada Major de Ejercito 1/50 000 : La Orotava
Guide : D. et Z. Bramwell, *Flores silvestres de las islas canarias*, Mundi Prensa, 1990.

L'accès à ce volcan ne pose aucun problème, car la route y passe, à plus de 2 300 m. Les pentes sud du Teide (las Cañadas) situées à plus de 2 000 m, font partie du Parque Nacional, dont le bureau d'accueil se situe à l'est, à l'embranchement des routes n° 821 et 824. Sur ces pentes de laves pulvérulentes croissent des peuplements de *Spartocytisus supranubius* (genêt) qui cachent des herbes comme *Silene nocteolens*, *Scrophularia langeana*, *Pterocephalus lasiospermus*, *Carlina xeranthemoides*... Le sommet du Teide se gagne soit, facilement, par le téléphérique, soit à pied (en 3 heures), et il vaut mieux redescendre ainsi pour voir, en-dessous de 2 800 m : *Nepeta teydeana*, *Erysimum scoparius*, *Argyranthemum teneriffae*, *Scrophularia glabrata*, *Plantago webbii*. Plus bas, en redescendant vers Puerto de la Cruz, vers 1 800 m, la flore s'enrichit de *Ferula linkii*, *Tinguarra montana*... Il est intéressant (mais long : 4 heures à pied) de redescendre de Barranco del Infierno entre la Montaña de las Lajas et Adeje ; c'est là que j'ai pu voir de nombreuses vipérines géantes : *Echium wildpretii* qui fleurissent fin juin. Il est aussi intéressant et très facile d'explorer les pinèdes à *Pinus canariensis,* au nord de Vilaflor.
Lors d'un séjour aux Canaries, il faut aussi visiter le volcan de l'île de la Palma, la Caldeira del Taburiente, qui atteint 2 300 m, soit à pied par le Barranco de Angustias (la journée), soit par la route panoramique de l'Observatoire. La flore vaut le déplacement, car cette île est très préservée.

Étage alticanarien sur le versant sud du Teide, 2 100 m. Touffes de *Erysimum scoparium*.

L'approche la plus facile de l'Atlas siliceux

Itinéraire n° 2 : La montée au Toubkal

Carte de base : IGN 1/100 000 : Oukaimeden
Carte de la végétation : Unesco, Gaussen (**8**).
Guide botanique : L. Emberger, *La Végétation et la flore du Maroc*, 1934. Ass. Fr ; Av. Sc.
Guide : J. Dresh et J. de Lépiney, *Le Massif du Toubkal*, Belvisi / Édisud, 1942, 1993.

Les trois Atlas : Moyen-Atlas, Haut-Atlas calcaire et Haut-Atlas siliceux forment, ensemble, le plus important massif montagneux méditerranéen strict, après le Taurus turc. Nous choisissons l'itinéraire du Toubkal, car c'est le plus aisé, mais, nous y étant rendus en 1977, il faut reconnaître que l'Atlas calcaire est botaniquement plus riche. Pour se rendre au Toubkal, il faut atteindre le village d'Imlil, cité dans tous les guides (parking et terminus). La montée se fait par un large sentier muletier qui passe par Aremd (1 heure), puis le marabout Si Chamharouch (3 heures) et le refuge Neltner (3 heures). De là, on part tôt le matin vers le Toubkal. Il faut 5 à 6 heures de marche, assez rude. Entre Aremd et le marabout, on passe d'abord dans le lit du torrent, avec des *Ormenis*, des noyers, des *Nepeta amethystea*, les pieds-d'alouette (*Delphinium balansae*) ; ensuite on passe parmi les cultures et les fourrés à genévrier thurifère, groseilles (*Ribes uva crispa*) ; dans les rocailles fleurissent *Urginea maura*, *Salvia taraxacifolia*... Au niveau des suintements poussent *Eryngium variifolium*, *Cirsium chrysacanthum*, *Daphne gnidium*... Au-dessus du marabout, on traverse longuement des pâturages à chaméphytes en coussinets, comme *Bupleurum spinosum*, *Arenaria pungens*, *Stipa nitens,* etc. Vers 2 700 m, on passe au niveau de rochers volcaniques, avec *Globularia liouvillei*, *Hieracium* cf. *amplexicaule*, *Scorzonera coespitosa.* Dans les éboulis croissent *Cirsium dyris*. Les alentours du refuge Neltner sont très décevants du fait de la dégradation par le tourisme (déchets, piétinement, etc.) ; par contre les pentes qui dominent ce refuge vers l'ouest, à 2 heures de marche, montrent des plantes comme *Leucanthemopsis atlantica*, *Asplenium septentrionale* (fougère), *Arabis conringioides*, *Draba oreadum*, *Silene boryi* var. *ouensae*.

La montée au Toubkal est plus intéressante en deux endroits : vers 3 300 m, dans le torrent qui domine le refuge, à 1 heure 30 de marche, avec *Sedum surculosum*, *Linaria lurida* et autres plantes hygrophiles ; et au plateau volcanique, en contrebas du Toubkal, vers 3 800 m, avec *Viola dyris*, *Draba oreadum*, *Trifolium humile* et autres espèces rupicoles ou d'éboulis.

Plus au sud, l'Anti-Atlas est aussi un joyau botanique et des découvertes étonnantes y ont été faites récemment. Nous ne nous sommes jamais rendu au prestigieux Jbel Lekst qui atteint 2 350 m ; en revanche, nous avons exploré, en avril 1986, les versants au sud du col de Kerdous et une montagne située au sud de Tafraoute, les deux vers 1 500 m, avec des rupicoles comme *Stachys saxicola*, *Scilla mauritanica*, *Polygala balansae*, *Sonchus pinnatifidus* et d'autres espèces rupicoles.

Le joyau botanique des montagnes andalouses

Itinéraire n° 3 : La traversée de la Sierra Nevada

Carte de base : Estada Mayor del Ejercito 1/50 000 : Güejar-Sierra

Carte de la végétation : Rivas-Martinez 1/400 000 : feuille Malaga

Guide : M. Losa Quintana el collab., *El paisaje vegetal de la Sierra Nevada. La cuenca alta del rio Genil*, 1984. Carte au 1/50 000.

J. Molero Mesa (**22**).

Pablo Prieto, *Vegetacion de la cuenca del Monachil*, col. Monografias, Univeridad de Granada, 1971.

Nous serons assez bref concernant la majestueuse Sierra, car les ouvrages consacrés sont nombreux et faciles à trouver, notamment à Grenade, à la librairie universitaire Geos, rue Melchior Almagro, non loin de la Faculté des Sciences où l'on trouve des ouvrages de botanique. Nous proposons trois itinéraires.

– D'abord le val du Rio Genil (la rivière de Granada). Il faut prendre la grande route de la Sierra. Au bout de 5 km, prendre à gauche vers Guejar-Sierra, continuer par une ancienne voie ferrée jusqu'à un site nommé Maitena. De là, à pied, on peut prendre un premier contact avec l'étage supraméditerranéen à *Quercus rotundifolia*, et remonter le sentier.

– Un autre itinéraire part du beau village de Trevelez, sur le flanc sud de la Sierra (camping bien installé) : on part du village, sur la rive droite du torrent, d'abord dans les prés humides à noyers,

Helleborus foetidus, absinthe et autres espèces européennes ; ensuite on passe dans des fourrés à *Adenocarpus decorticans*, *Bupleurum spinosum*, *Digitalis obscura*, *Berberis hispanica*, vers 1 600 m, à 1 h 30 de Trevelez.
– Le troisième itinéraire emprunte la haute route qui part de Grenade et rejoint (en été seulement) Capileira, en passant à plus de 3 000 m, ce qui permet d'explorer l'étage altiméditerranéen et aussi de passer par la maison du Parque Nacional, à Canales, à 1 500 m.

Les hauts plateaux de l'Andalousie calcaire : Vella et Érinacées

Itinéraire n° 4 : Les sierras de Segura et de Cazorla

Carte de base : Estada Mayor del Ejercito 1/50 000 : feuilles Villacarillo et San Clemente
Carte de la végétation : C. Boucher, carte de Cazorla au 1/100 000, *Doc. Cartog. Ecol.*, XXXI, 1988.
Guide : F. Valle (voir bibliographie).

Tout naturaliste a un penchant naturel pour le lieu de ses recherches initiales : en ce qui nous concerne (car mon épouse m'a accompagné jusque dans les moindres vallons), c'est d'abord la sierra Sagra, située à 140 km au nord-est de Grenade. Cette montagne est le point culminant de l'Andalousie calcaire (2 380 m). D'un point de vue géologique, climatique et surtout botanique, cette montagne fait partie d'un vaste ensemble de montagnes allant de Cazorla, au sud, à Alcaraz, au nord-est. Pour explorer la sierra Sagra, il faut se rendre à la petite localité de Puebla de don Fadrique, et de là prendre la petite route de los Cortijos Nuevos de la Sierra. À pied, la sierra est accessible soit à partir de l'Ermitage (balises), soit à partir de la ferme de Viana, à 10 km à l'ouest de Puebla (une journée aller et retour).

Sierra de Cazorla, rio Borosa. Buxaies de l'étage supraméditerranéen, avec *Cerastium boissieri*, *Anarrhinum laxiflorum*, *Calepina irregularis*. 1 500 m. Mai 83.

Le piémont est couvert d'anciennes cultures et de pâturages à armoise (*Artmemisia barrelieri*), à alfa (*Stipa tenacissima*), à *Phlomis lychnitis*, à hélianthèmes et autres espèces de *Thymus*. Vers 1 300 m, on entre dans l'étage du chêne vert (*Quercus rotundifolia*), qui, vers 1 600 m devient riche en *Berberis hispanica, Cytisus reverchonii, Rosa pouzinii,* etc., avec des plantes connues, comme la lavande (*Lavandula angustifolia*), le romarin. Selon l'exposition, c'est vers 1 800-2 000 m que le pin noir (*Pinus clusiana*) prend son développement maximum, avec *Lavandula lanata, Salvia phlomoides, Paeonia broteroi* (belle pivoine), *Digitalis obscura*. Vers 2 000 m, les pentes à chaméphytes en coussinets épineux dominent, avec *Erinacea anthyllis, Vella spinosa, Cerastium boissierii, Platycapnos saxicola, Daphne oleoides*. Près du sommet, pousse une "pelouse" rase à vivaces comme *Galium pyrenaicum*, *Sideritis glacialis*, *Senecio boissieri*. À ces observations, il faut ajouter les plantes rupicoles (de rochers) comme *Saxifraga rigoi*, *Hypericum ericoides*, *Campanula mollis*.

Un second itinéraire à proposer est une diagonale traversant la sierra de Segura à partir de Santiago de la Espada jusqu'à Cazorla. Attention : on traverse le Parc national où le camping sauvage est interdit : le seul camp autorisé est celui des sources du Gualdalquivir. L'itinéraire se fait sur une bonne piste praticable en véhicule de tourisme. Il faut se rendre au village de Pontones et pousser jusqu'à Fuente Segura (vers le sud-ouest), où le bitume disparaît. De là, la piste monte entre 1 600 et 1 800 m et passe dans des matorrals et des tomillars riches en astragales (*Astragalus clusii*), en thyms (*Thymus baeticus*, *T. orospedanus*). Un beau liseron vivace, *Convolvulus boissieri*, une scabieuse, *Pterocephalus spathulatus*, fleurissent en juin. Il est impossible de donner la liste des plantes qui croissent ici : d'excellents guides vous aideront. Il faut aussi grimper (2 heures aller et retour) au sommet du Cabañas 2028 m. Pour cela, il faut poursuivre la piste au sud du camping et descendre par Tiscar, au nord de Pozo-Alcon. Tout le massif est d'une grande beauté par ses bois de pins noirs et ses falaises de calcaire beige.

Les montagnes entre Aragon et Vieille-Castille, les sources du Tage

Itinéraire n° 5 : Las serranias de Cuenca

Cartes de base : Estada mayor del Ejercito 1/50 000 : feuilles Zafrilla, Tragacete, etc.
Carte Michelin 1/400 000 : Espagne Nord-Est
Carte de la végétation : Teruel au 1/400 000, par Rivas-Martinez
Guide : *Polunin and Smithies, flowers of SW Europe*, Oxford, réédité en 1995.

Les montagnes situées entre Teruel et Cuenca ne sont pas très élevées, mais plusieurs massifs se développent entre 1 300 et 1 800 m : sierra de Albarracin (1 856 m) ; sierra de Gudar (2 024 m) ; sierra de Javalambre (2 020 m) ; serrania de Cuenca 1839 m).
Nous proposons un petit circuit à pied dans l'est de la sierra de Gudar, à partir de l'autotoute de Barcelone à Castello : sortir à Benicarlo et prendre la route d'Alcala de Chivert, puis de Villafranca del Cid (beaux villages, notamment la Iglesuela). Le site proposé est à l'embranchement des routes TE 800 et TE 804 au Puerto de Cuarto pelado : il s'agit d'une colline calcaire culminant vers 1 800 m, à pin sylvestre, avec des fruticées à *Salvia lavandulifolia*, *Berberis seroi*, *Juniperus sabina* et *J. thurifera*. Les rochers et lapiaz portent *Hormatophylla lapeyrousiana*, *Saxifraga corbariensis*, *Brassica repanda*, *Arenaria grandiflora*. Dans les vallons, une ancolie : *Aquilegia hirsutissima*.
Un autre circuit, qui nous a permis d'observer des plantes intéressantes, se situe le long du Rio Jucar, au nord-ouest de Cuenca, à partir du site El Salto de Villalba, à 2 km à l'ouest de Villalba de la Sierra. Dans les rochers, vous rencontrerez la gueule-de-loup *Antirrhinum pulverulentum*, le saxigrage *Saxifraga latepetiolata*, la drave *Draba dedeana*. En sous-bois, le bel *Iris boissieri*, l'ail jaune *Allium scorzoneraefolium*. Ce pays est la région des pinnacles de dolomie, avec le site de la Ciudad encantada.
D'une façon générale, ces montagnes au-dessus de 1 500 m annoncent, par leur flore, la végétation des montagnes d'Andalousie, avec des espèces communes comme *Erinacea anthyllis* ou *Ononis aragonensis*.

À la limite entre Alpes et Méditerranée

Itinéraire n° 6 : Le monte Pollino

Carte de base : Michelin 1/400 000 : Italie méridionale
Carte de la végétation : G. Bonin, Annales de l'Université de Provence, XLVI, 1971.
Guide : L. Fenaroli, *Conosci l'Italia, la flora*, Touring club d'Italia, t. 2, 1958.

Le sud de l'Italie, entre Naples et Reggio de Calabre est parsemé de plus de dix petits massifs calcaires ou à roches métamorphiques dont l'altitude dépasse 1 700 m : le mont Alburno, près de Salerne, au nord, l'Aspromonte, le plus au sud, la Sila métamorphique, près de Cosenza. Mais, de tous ces massifs, le plus haut et le plus

Monte Sirino, vers 1 700 m, fourrés à *Alnus cordata*. Au premier plan : Fougère-aigle, flouve odorante, *Armeria* cf. *canescens*. Cette montagne est située à 50 km au nord-ouest du monte Pollino

attrayant, par sa flore et ses paysages végétaux, est le monte Pollino qui culmine à 2 248 m. Pour y accéder à partir du nord, il faut prendre l'autopiste de Salerne vers Reggio, sortir à Mormando et prendre la direction du Parc national (Parco nazionale del Pollino). La montée s'effectue par une petite route bitumée très dégradée, d'abord parmi les chênes blancs, avec de très belles touffes de *Lomelosia crenata*, *Sideritis syriaca*, *Ptilostemon niveus*. Vers 1 500 m, on entre dans la hêtraie à *Asperula odorata*, *Daphne laureola*, *Galeobdolon luteum*, plantes connues des hêtraies alpines. Par contre, au Pian de Ruggio, d'où il est possible de commencer l'itinéraire pédestre, on observe quelques espèces méridionales comme *Ptilostemon strictus*. Nous proposons de partir à 500 m à l'est du Pian, de monter vers le sommet, c'est-à-dire vers le sud-est, de rester sur la crête vers le sud-ouest, et de redescendre par le col qui permet de rejoindre le Pian. Le tout nécessite 6 à 7 heures de marche. Vers 1 700 m, la hêtraie s'éclaircit et le sol montre des alternances de calcaire et de marnes avec *Trifolium ochroleucum*, *Cerastium tomentosum*, *Anthyllis vulneraria* cf. subsp. *parepropera*. Vers 1 900 m, on observe des prairies fraîches à *Pedicularis comosa* et *Viola aethnensis*. Le sommet est formé de pelouses écorchées rases sans épineux à *Edraeanthus graminifolius*, *Dianthus balbisii* var. *volturninus* à très belles fleurs pourpres. En redescendant, au col, parmi les hêtres, on trouvera *Campanula trichocalycina*, *Senecio rupestris*. Au Pian de Ruggio pousse *Asphodelus albus* en abondance.

Un des plus beaux karsts du Sud

Itinéraire n° 7 : Le Timfi

Carte de base : Kummerly & Frey 1/500 000
Freytag & Berndt édite aussi des feuilles au 1/250 000
Carte de la végétation : CNRS et Conseil de l'Europe (**9**, **10**).
Guide : P. Quézel, 1967 (**36**).

La Grèce, au sud du 40ᵉ parallèle, possède un très grand nombre de massifs s'élevant à plus de 1 700 m, parmi lesquels le mont Olympe, superbe (2 917 m), et, dans le Péloponnèse, de riches montagnes comme le Taygète, le Killini. Mais, grâce à mon ami P. Authier, nous retiendrons les montagnes calcaires entre Ioaninna et Konitsa, qui forment le Timfi et la Zagorie, avec ses villages en pierres plates comme Micropapingo, qui font à la fois penser à ceux du Luberon et à ceux du Larzac. La région est réputée pour ses gorges grandioses qui rappellent celles du Verdon, en plus boisé (Vikos), mais nous préférons indiquer les hautes montagnes (Gamila, Astraka). Nous proposons un accès par Kipi et Skamnelion, qui se prend à droite en allant de Ioaninna à Konitsa, 4 km au nord du village d'Asfaka. Nous avons testé deux accès au massif : l'Astraka, par Micropapingo, et le Gamila, par une piste à l'ouest de Vrissohorion. Les chênaies inférieures abritent *Siler trilobum*, *Podocytisus caramanicus* ; vers 1 400 m, des pinèdes mélangées au hêtre et au sapin du Roi Boris hébergent *Acer obtusatum*, *Salvia glutinosa*, *Chamaecytisus heuffelii*, *Ptilostemon stictus*. À ce niveau, les rochers portent *Lomelosia crenata*, *Alyssum petraeum* et *A. saxatile*, *Atamantha macedonica*. Dans les lapiaz, très abondants au niveau du monastère de Monodendrion, pousse *Acanthus balkanicus*. À l'étage oroméditerranéen, dominé par le pin de Pallas, les mégaphorbiaies contiennent *Teleka speciosa*, *Pinguicula hirtiflora*, les éboulis portent *Pinus heldreichii*, avec *Centranthus junceus*, *Verbascum speciosum*. Les prairies fraîches des versants nord hébergent *Geranium versicolor*, *G. reflexum*, *Campanula foliosa*. À l'étage supérieur, parmi les éboulis, notons *Cardamine glauca*, *Corydallis intermedia*, *Viola epirota* ; sur les rochers : *Trifolium noricum*, *Cerastium decalvans*, *Achillea fraazii*, *Saxifraga taygetana* ; enfin, dans les pelouses écorchées : *Astragalus rumelicus* et *A. sirinicus*, *Thymus teucrioides*, *Viola heterophylla*. La liste n'est pas exhaustive.

Massif du Gamila, versant est, au-dessus de Vrissohorion. Hêtraie et pinède de *Pinus pallasiana*. Éboulis à *Cerastium decalvans*, *Corydalis intermedia*. Falaises à *Trifolium noricum*. Les sommets dépassent 2 400 m.

Le pays du cedre du Liban

Itinéraire n° 8 : Le Taurus central

Carte de base : "Türkiye Karayollari Haritasi", n° 4, 1/500 000, Ryborsch édit.
Carte de la végétation : Conseil de l'europe et CNRS (**9**, **10**)
Guide : *Trekking in Turkey*, Dubin et Lucas, Lonely Planet, 1989.

De nombreuses excursions sont possibles dans le Taurus calcaire, au nord d'Adana. Ce massif est, avec le Haut-Atlas marocain, le plus typique des montagnes véritablement méditerranéennes. Le Taurus s'étale d'ouest en est sur 600 km ; il culmine à plus de 3 700 m à l'Ala Dag, au sud-est de Nigde, et se développe entre les 38e et 36e parallèles. La plupart des roches y sont calcaires, avec un grand développement des falaises. Nous proposons un itinéraire à partir du village de Çukurbag, où se trouve un hôtel-refuge universitaire, à 1 400 m d'altitude. Ce village est à 50 km au sud-est de Nigde. L'excursion part du refuge, se dirige vers l'est et permet d'atteindre les contreforts des premières murailles (vers 2 500 m). L'excursion proposée dure 6 heures, hors sentier balisé, sur les lieux de passage des troupeaux, parmi les prairies et les lapiaz en direction du mont Embler.

Vers 1 700 m, les pâturages secs montrent *Euphorbia macroclada, Berberis crataegyna, Alkanna orientalis, Pterocephalus pinardii* et l'extraordinaire orpin à fleurs rouges, *Sedum sempervivoides*. Dans les éboulis, vers 2 000 m, on rencontre *Lamium eriocephalum*. Dans les rochers vit la grande campanule à fleurs blanches, *Michauxia tchihatchewii*, la joubarbe *Rosularia libanotica,* la potentille *Potentilla splendens*. Dans les lapiaz pousse le véritable pélargonium, *Pelargonium endlicherianum,* en compagnie de *Veronica tauricola*. Vers 2 300 m, on traverse des groupements à chaméphytes en coussinets avec des formes hémisphériques, comme le sainfoin vivace *Onobrychis cornuta,* des labiées, telle *Stachys lavandulifolia,* reconnaissable à ses calices à sépales longuement dentés et argentés. Une très belle centaurée, *C. chrysantha* à feuillage blanchâtre, une armoise qui rappelle les génépis, *Artemisia caucasica,* et une jurinée remarquable : *Jurinella moschus*.

Dans les rochers humides et ombragés on rencontre une campanule à feuilles arrondies : *C. cymbalaria.*

D'autres excursions sont possibles dans le Haut-Taurus, notamment à partir de Çiftehan, sur la route de Adana à Aksaray, où l'on peut emprunter des petites routes, bitumées ou non, qui montent jusqu'à 2 300 m, vers Alhioca et Madden, et permettent d'explorer les pelouses altiméditerranéennes (possibilité de camper vers 2 500 m à côté d'une ruine d'hôtel). Belles espèces, parmi lesquelles des millepertuis vivaces mésophiles, le panicaut *Eryngium bourgati* subsp. *heldreichii,* etc. En contrebas du village d'Alihoca, il est possible de traverser la rivière qui coule vers le nord et d'explorer des bois à charme-houblon, chênes et diverses plantes intéressantes, comme la borraginée *Arnebia densiflora* ou la laitue *Prenanthes glareosa* ou encore le séneçon *Senecio farfarifolia.*

Le Taurus, au-dessus de Çukurbag. Au premier plan, pelouses à *Asphodeline taurica, Salvia coespitosa, Marrubium cephalanthum*. Éboulis à *Cicer incisum, Vicia canescens.* Au second plan, rochers à *Campanula cymbalaria, Arum elongatum*.

À la recherche des plus belles mégaphorbiaies

Itinéraire n° 9 : Le Coruh Nerhi (Kachkar-Turquie)

Carte de base : "Turkiye Karayollari Haritasi", n° 6, Ryborsch édit.
Carte de la végétation : Conseil de l'Europe (**9**).
Guide : *Trekking in Turkey*, 1989, Lonely Planet.

Nous ne donnerons que quelques repères botaniques pour ce site, qui est l'un des plus riches que nous connaissions. Ce fut, en juillet 1991, une frustration totale, pour cause de panne d'appareil photo ! L'itinéraire, qui présente un double intérêt, botanique et architectural (maisons en bois), débute par la ville de Yusufeli, dans le nord-est de la Turquie. De là on prend une route puis une piste dans un décor d'Atlas marocain, piste qui passe par Sarigol, puis Parchali. Nous avons décidé de nous garer là et d'entamer la randonnée (qui a nécessité 12 heures de marche !). La ripisylve de Parchali héberge divers saules, un tamaris, *Myricaria germanica*. Les bois, à moins de 2 000 m, sont formés d'un mélange d'épicea (*Picea orientalis*), de bouleau (*Betula pendula*), de chêne, d'érable, de sorbier et de vivaces comme le fustet (*Cotinus*), le rhododendron jaune, *Tanacetum sorbifolium*, *Hesperis matronalis* (la julienne), *Campanula lactiflora*. Vers 2 300 m, les mégaphorbiaies contiennent *Aconitum orientale*, *Aquilegia olympica*, *Aster caucasicus* – trois très belles vivaces. Vers 2 500 m, des prairies de fauches et des fruticées montrent un très bel aconit : *Aconitum nasutum* ; *Stachys macrantha*. Des junipéraies à *J. sabina* se développent vers 2 700 m, à la limite inférieure des prairies, comme dans les Alpes, avec la myrtille : *Vaccinium arctostaphylos*, *Rhododendron caucasicum*, *Linum hypericifolium*, *Gentiana septemfida*. Faute de temps, nous n'avons pas pu explorer l'étage alpin.

Il est possible d'explorer la haute montagne d'Anatolie du nord-est en se rendant à Savçat, non loin de la Géorgie, et d'explorer les bois et mégaphorbiaies au sud du col Çam Geçidi, à des altitudes supérieures à 2 400 m. Très belles espèces de mégaphorbiaie (renoncules, asters, séneçons, ancolies, aconits, campanules de plus de 1,5 m).

Je tiens à mettre en garde le visiteur ayant l'intention d'explorer le nord et l'est de la Turquie, du fait des dangers de la route : d'abord les risques de dépassement dangereux, mais surtout les risques naturels : blocs sur la route, éboulement, coulées de boue, et surtout brouillard : nous avons failli terminer dramatiquement le voyage 1991 pour cette dernière raison

Haut Coruh Nerhi, à Parchali. Bois à *Picea orientalis*, *Betula pendula*, *Carpinus orientalis*. Au second plan, pentes à *Juniperus* cf. *excelsa*.

EN MARGE DES ITINÉRAIRES TOURISTIQUES

Itinéraire n° 10 : Le Munzur Daglari et la région d'Erzinçan (Turquie)

Carte de base : "Turkiye Karyollari Haritasi", 1/500 000, n° 5, Ryborsch édit.
Carte de la végétation : Conseil de l'Europe (**9**).
Guide : *Trekking in Turkey*, Lonely Planet.

Quand on emprunte la grande route qui relie Ankara à l'Iran, on est d'abord impressionné par les autocars qui vous dépassent à très vive allure, et surtout, à l'est de Sivas, on commence à réaliser que l'Europe est loin et qu'on est vraiment en Asie (dite Mineure). À 110 km à l'est de Sivas (à Imranli), on traverse d'étonnantes collines gypseuses à flore très spéciale, et le paysage rappelle celui de l'Andalousie gypseuse (Guadix). Après le col Kizildag Geçidi (2 190 m), dans un paysage très sévère, on entre dans la région d'Erzinçan qui nous a profondément marqués. Nous voulions explorer des montagnes climatiquement à influence continentale et botaniquement à pénétrations orientales : le massif du Munzur, en 1995, nous a paru le plus facile et le moins risqué (du fait des tensions politico-militaires).

L'itinéraire proposé passe par la vallée de l'Euphrate, entre Erzinçan et Kemah. 5 km à l'est de cette dernière, vers le sud, atteindre le petit hameau de Mermerli (non indiqué, mais il se voit très bien de la grande route), situé sur le flanc sud du Munzur, vers 1 500 m d'altitude. Nous nous sommes garés là et avons débuté la visite à pied, d'abord dans des gorges calcaires entre 1 500 et 2 200 m, au sud du village. Dans la gorge, on trouve la mauve *Alcaea hoenackeri*, un acanthe, *Acanthus dioscoridis*, trois arbustes : *Lonicera nummularifolia*, *Cotoneaster nummularia* et *Spiraea crenata*, ainsi que la curieuse *Gundelia tourneforti*. En montant, nous atteignons une relique boisée à *Quercus libani*, *Juniperus* cf. *excelsa*, *Sorbus torminalis,* avec un sous-bois de grandes herbes : *Cephalaria speciosa*, *Cicerbita mulgedioides*, *Phlomis rigida*. Vers 2 300-2 500 m, on traverse des pentes calcaires herbeuses qui rappellent celles des montagnes andalouses, avec le sainfoin *Ebenus haussknechtii*, plusieurs sauges, comme *Salvia coespitosa*, *S. multicaulis* à calice accrescent, *Stachys lavandulifolia* à calice étoilé ; des campanules, dont *C. munzurensis*, *C. ptarmicifolia* ; *Centaurea mucronifera* et le curieux panicault à feuilles entières et dentées : *Eryngium ilex*. Dans les rocailles, au-dessus de 2 400 m, on trouve deux *Rosularia* : *R. haussknechtii* et *R. aizoon* ; le "géranium" *Pelargonium endlicherianum*, un saxifrage du groupe *sempervirens*, *S. juniperifolia*, la belle *Gyspophila briquetiana*. Nous avons rebroussé chemin vers 2 700 m, faute de temps. Nous avons pu observer deux scorzonères : *Scorzonera rigida* et *S. sericea* ; une tulipe en fruit, la *Boraginaceae Rindera lanata* et autres curiosités qui nous ont laissés frustrés (durée du circuit : 10 h).
En 1995 l'armée était installée tout le long de la route Erzinçan-Erzurum ; en 1998, la situation semblait redevenue calme, mais nous invitons le botaniste-touriste à la plus grande circonspection et au respect strict des règles locales.

Munzur Daglari : steppes vers 2 200 m, sur calcaire, à *Gudelia tournefortii*, *Stipa* sp., *Grammosciadium pterocarpum*.

VII - Bibliographie

A – OUVRAGES GÉNÉRAUX

Quelques flores ou catalogues indispensables

(**1**) Bolos O. 1984. *Flora dels paisos catalans*. Editorial Barcino.

(**2**) Davis P. 1967-1997. *Flora de Turkey*. Edinburgh.

(**3**) Greuter W., Burdet H. et Long G. 1984. *Med Check List : catalogue des plantes des pays riverains du bassin méditerranéen*.

(**4**) Kohlein F. 1995. *Plantes de rocaille*. Ulmer.

(**5**) Philips R. et Rix M. 1991. *Perennials*. Pan Book London (publié en France à la Maison Rustique).

(**6**) Pignatti S. 1982. *Flora d'Italia*.

(**7**) Tutin et coll. 1964-1994. *Flora Europaea*. 5 tomes.

Cartographie générale

(**8**) Gaussen P. et Lalande M. 1970. *Carte de la végétation de la région méditerranéenne*. FAO et Unesco.

(**9**) Noirfalise A. et coll. 1987. *Carte de la végétation naturelle des états membres des communautés européennes et du Conseil de l'Europe*. Conseil de l'Europe éditeur.

(**10**) Quézel P. et Barbero M. 1985. *Carte de la végétation potentielle de la région méditerranéenne. Feuille n° 1 (région Est)*. C.N.R.S.

Ouvrages concernant la végétation et la biologie

(**11**) Dallmann P.R. 1998. *Plant life in the world's mediterranean climates*. Oxford University Press.

(**12**) Folch i Guillen R. 1986. *La Vegetacio dels paisos catalans*. Ketres.

(**13**) Horvat I., Glavaç V. et Ellenberg H. 1974, *Vegetation Sudosteuropas*. Gustav Fischer.

(**14**) Lamotte M. 1994. *Théorie actuelle de l'évolution*. Hachette.

(**15**) Ozenda P. 1994. *La Végétation du continent européen*. Delachaux et Niestlé.

(**16**) Peinado Lorca M. et Rivas Martinez S. 1987. *La Vegetacion de Espa R*. Universidad de Alcala de Henares. Ouvrage collectif décrivant la végétation de la péninsule ibérique et des Canaries.

(**17**) Polunin O. 1980, 1998. *Flowers of Greece and the Balkans*. Oxford University Press.

(**18**) Polunin O. et Smithies B.E. 1973, 1998. *Flowers of south-west Europe*. Oxford University Press.

B - POUR EXPLORER LA FLORE DES MONTAGNES

Afrique du Nord

(**19**) Quézel P. 1957. *Le Peuplement végétal des hautes montagnes d'Afrique du Nord*. Lechevalier.

(**20**) Quézel P. et Santa S. 1962. Nouvelle Flore de l'Algérie. C.N.R.S. (2 tomes).

Tenerife

(**21**) Bramwell D. et Z. 1990. *Flores silvestres de las islas Canarias*. Edit. Rueda.

Andalousie

(**22**) Molero Mesa J. 1992. *Parque natural de Sierra Nevada*. Edit. Rueda.

(**23**) Prieto P. 1975. *Flora de la tundra de la Sierra Nevada*. Universidad de Granada, 124 photos couleurs.

(**24**) Terron Tentor J. et G. 1997. *22 itinerarios naturalistas de la provincia de Granada*. Junta de Andalucia.

(**25**) Valle Tendero F. 1989. *Parque Natural de Cazorla*. Edit. Rueda.

Cordillère carpétaine

(**26**) Luceno M. et Varga P. 1991. *Guià botanica del sistema central espanol*. Piramide édit.

Cordillère celtibère

(**27**, **28**) Lopez G. 1976 et 1978. Contribucion al conocimiento de la sierra de Cuenca. Deux publications dans les *Anales del instituto de botanica Cavanilles*, n° 33 & 34.

(**29**) Rivas-Goday S. et Borja-Carbonell J. 1961. Estudio de la vegetacion del macizo de Gudar y Javalambre. *Anal. Inst. bot. Cavanilles*, XIX.

Corse / Sardaigne

(**30**) Gamisans J. et Marzocchi J.-F. 1996. *La Flore endémique de la Corse*. Édisud.

(**31**) Gamisans J. 1999. *La Végétation de la Corse*. Édisud.

Appenin méridional / Calabre

(**32**) Bonin G., Briane J.P. et Gamisans J. 1976. Quelques aspects des forêts supraméditerranéennes et montagnardes de l'Appenin méridional. *Ecologia Medit.*, II.

(**33**) Tammaro F. 1989. *Documenti per la Conoscenza Naturalistica della Majella*. Universita de l'Aquila.

Sicile

(**34**) Poli Marchese E. 1982.
Zonation altitudinale de la végétation de l'Etna comparée avec celle d'autres volcans. *Ecologia Medit.*, VIII.

Grèce du Nord

(**35**) Authier P. 1997. La flore de la région des monts Timfi (Épire, Grèce), *Bocconea*, 5(2).

(**36**) Quézel P. 1967. La végétation des hauts sommets du Pinde et de l'Olympe de Thessalie. *Vegetatio*, XIV (1-4).

Grèce du Sud

(**37**) Quézel P. 1964.
La végétation des hautes montagnes de Grèce méridionale. *Vegetatio*, XII.

Crète

(**38**) Turland N.J. et coll. 1995.
Flora of the Cretan Area. *H.M.S.O.*

Turquie du Nord

(**39**) Quézel P., Barbero M. et Akman Y. 1980. Contribution à l'étude de la végétation forestière d'Anatolie septentrionale. *Phytocoenol.*, 8 (3-4).

Taurus

(**40**) Akman Y., Barbero M. et Quézel P. 1979. Contribution à l'étude de la végétation forestière du Taurus. *Phytocoenol.*, 5 (1 et 2).

Liban

(**41**) Abi Saleh B. 1988. Carte de la végétation du Liban. *Ecologia medit.*, XIV (1/2).

(**42**) Nehmé M. 1980. *Fleurs sauvages du Liban*. Conseil nat. recherc. scientifique.

Chypre

(**43**) Barbero M. et Quézel P. 1979.
Contribution à l'étude des groupements forestiers de Chypre. *Doc. phyto.*, Nouvelle série, IV.

C - POUR EN SAVOIR PLUS...

Climat des montagnes

(**44**) Boucher C. 1986. Bioclimatologie et floristique de l'Andalousie. *Ecologia Medit.*, XII (1/2).

(**45**) Daget P. 1980. *Colloque de Montpellier*, C.E.P.E. Louis Emberger.

(**46**) Daget P. 1982. Essai de comparaison de diverses approches climatiques de la Méditerranéité. *Ecologia Medit.*, VIII, fasc. 1/2.

(**47**) Société botanique de France,
Colloque de Montpellier, 1984. Bioclimatologie méditerranéenne. Tome 131 du Bulletin de la Société.

Mise en place de la flore

(**48**) Collectif. *La Flore du bassin méditerranéen, essai de systématique synthétique*. 1975. C.N.R.S..

(**49**) *Colloque de la Société botanique de France à Montpellier. 1980.* Fondation Louis Emberger, (9-10 avril 1980).

(**50**) Quézel P. 1995. La flore du bassin méditerranéen : origine, mise en place, endémisme. *Ecologia medit.* XXI (1/2).

Végétation

(**51**) *Colloque de Perpignan sur les milieux naturels supra-forestiers. 1970.*

(**52**) *Colloque de Saint-Maximin (1982) sur la définition et la caractérisation des écosystèmes méditerranéens*, les comptes-rendus sont publiés dans le n° spécial VIII (1/2) de la revue *Ecologia Medit.*

(**53**) Barbero M., Bonin G., Quézel P. 1975. Les pelouses écorchées des montagnes circum-méditerranéennes. *Phytocoenol.*, 1(4).

(**54**) Boucher C. 1999. Contribution à la phytogéographie du département des Alpes de haute Provence. *Le Monde des plantes*, 464.

(**55**) Ozenda P. 1975. Sur les étages de végétation dans les montagnes du bassin méditerranéen. *Doc. Cartog. Ecol.*, XVI.

(**56**) Ozenda P. 1997. Le concept géobiologique d'orosystème. *Rev. écologie appliquée*, Grenoble. Tome 4.

(**57**) Quézel P. 1981. Les hautes montagnes du Maghreb et du Proche-Orient : essai de mise en parallèle. Congrès OPTIMA. *Anal. Inst. Bot. Cavanilles*, 37(2).

Montagnes à climat méditerranéen hors du bassin méditerranéen

(**58**) Costin A.B. et coll. 1979. *Kosciusko Alpine Flora*. (Australie). C.S.I.R.O.

(**59**) Cowling RM, Richardson DM et Pierre SM. 1997. *Vegetation of Southern Africa*. Cambridge University Press.

(**60**) Long G. 1990. Sur la distribution altitudinale de la végétation en basse Californie (Mexique). *Ecologia Medit.*, XVI.

(**61**) Quintanilla V. 1974. Les formations végétales du Chili tempéré. *Doc. Cartog. écologique*, XIV.

ORGANISMES DE RECHERCHE

Ankara Universitesi, Fen Facultesi. Bioloji Bolumu. 06100 Tandogan - Ankara - Turkiye

Hebrew University, Department of Botany, Jérusalem 91904 - Israël

Institut méditerranéen d'Écologie et de Paléoécologie, Faculté des sciences et techniques de Marseille, Saint-Jérôme, case 461, 13397 Marseille CEDEX 20 - France

Optima Secrétariat : Dpto biologia vegetal, EUIT Agricola, Universidad Politecnica de Madrid, E- 28040 Madrid - Espagne

Universidad de Alcala de Henares, Dpto de botanica, Aptdo 20, Alcala de Henares, Madrid - Espagne

VIII - Index

Les fiches botaniques faisant l'objet d'un texte détaillé sur le genre sont repérées par ✿. Les plantes décrites dans *La Flore des Alpes-de-Haute-Provence,* et présentes dans la zone géographique décrite dans cet ouvrage, sont accompagnées des massifs où elles sont observables hors de France.
Les abréviations utilisées pour désigner les pays ou régions sont les mêmes que sur les fiches botaniques.

ABIES x boris-regii 19
bornmuelleriana 20
cephalonica ✿ 13, 19, **134**
cilicica 14, 19, 146
maroccana 14, 19
nebrodensis 14,19
numidica 14, 19
nordmanniana 20
pinsapo 66
tazaotana 12
ACANTHOLIMON acerosum ✿ 24, **152**
ulicinum 23
ACER granatensis 16
hyrcanum 19
lobelii 17
ACHNATHERUM calamagrostis (L) Beauv. 24 Hs(c), It (c,s), Gr(n)
ACONITUM nasutum 196
ADENOCARPUSanagyrifolius 45
decorticans ✿ 67, 191
viscosus 21, 30
AETHIONEMA grandiflorum ✿ 173
AJUGA chamaepitys ssp. glareosa 163
ALCEA hoenackeri ✿ 167
ALKANNA pindicola 130
ALLIUM moly ✿ 105
scorzonerifolium 95
ALNUS cordata 111, 193
AMELANCHIER rotundifolia Miller. Ma ; Alg ; Hs(s,c) ; It(s) ; Si ; Sa ; Gr(n,s) ; Tu(n,s).
ANEMONE appenina 17
ANTHEMIS cretica 114
ANTHYLLIS aurea 127
montana L.Alg ; Hs(s,c) ; It(c,s) ; Gr(n,s).
polycephala 76
tejedensis ✿ 69
ANTIRRHINUM barrelieri 90
hispanicum ssp mollissimum 89
pulverulentum ✿ 04
AQUILEGIA olympica 196
ARABIS conringioides ✿ 26, 57
ARCTOSTAPHYLOS uva ursii 23, 81
ARENARIA cretica 144
grandiflora 70
ledebouriana 26 , 155
lithops 13, 14, 27, 92
pungens ✿ 71
ARGYRANTHEMUM frutices-cens ✿ 33
harouarytherum 33
teneriffae 189
ARGYROLOBIUM battandieri 19
ARNEBIA densiflora ✿ 153
ARTEMISIAcaucasica 27, 160
pedemontana ✿ 98
ASPERULA glomerata ✿ 161
odorata 17, 193
ASPHODELINE lutea ✿ 140
ASPHODELUS albus 193
ramosus 101
ASTER alpinus L. It(c) ; Gr(n) ; Tu(n,sw) ; Caucase.
ASTRACANTHA granatensis 23, 26, 48
ASTRAGALUS clusii 68
creticus ssp. rumelicus ✿ 23, **125**
monspessulanum L.Ma ; Alg ; Hs(s,c) ; It(c,s) ; Si ;Gr(n,s).
parnassii ssp. cylleneus 139
psoraloides
sempervirens L.Hs(s,c) ; It(s,c) ; Gr(s).
vesicarius L. Hs (s) ; It(c) ; Gr(n).
ATHAMANTA cretensis L. Hs(s).
ATRAPHAXIS billardierii ✿ 171
AUBRIETA scardica ✿ 131
BERBERIS crataegyna 18
cretica
hispanica 16,18, 191
seroi ✿ 96
vulgaris L. It(c) ; Gr(n) ; Tu(n,ne).
BETULA aetnensis 18
litwinowii 21
BISCUTELLA frutescens ✿ 75
laevigata groupe. Ma ; Hs(c,s) ; It(c,s).
BISTROPOGON origanifolius 18
BORNMUELLERA tymphaea ✿ 23, 127
BRASSICA repanda (Willd) DC lato sensu.Ma ; Hs(c,s).
BRUCKENTALIA spiculifolia 24, 129
BUPLEURUM spinosum ✿ 19, 22, 42, **46**
BUXUS sempervirens L. 21, 121. Ma ; Al ; Hs (s,c) ; Gr(n) ; Tu(n,s).
CALAMINTHA grandiflora (L) Moench. Ma ; Si ; It(c,s) ; Gr(n,s).

CAMPANULA betulifolia 188
cochleariifolia Lam. It(c) ; Gr(n).
hawkinsiana 27
lactiflora ✿ 181
mollis **90**, 191
trichocalycina 17, 107

CARDUUS defloratus L. et carlinifolius Lamk. Hs(c) ; It(c,s) ; Tu(ne,s).
lanuginosus ✿ 164

CAREX hallerana Asso. Ma ; Hs(c,s) ; Sa ; Si ; It(c,s) ; Cr ; Gr(n,s) ; Tu(n,s).

CARLINA acanthifolia All. Hs (s) ; It (c,s) ; Gr (n).

CATANANCHE coerulea L. Alg ; Ma ; Hs(c,s).
coespitosa 49

CEDRUS atlantica 16, 18
brachyphylla 18
deodara 19
libani 19, **146**

CENTAUREA appendicigera 186
lingulata 88
mucronifera ✿ 155
rupestris 119
triumfetti All.

CENTRANTHUS angustifolius (Mill)DC. Al ; Ma ; Hs(c,s) ; It(c).
junceus 24

CEPHALANTHERA rubra (L)LCM Rich. Al ; Ma ; Hs(c,s) ; It(c,s) ; Sa ; Si ; Gr(n,s) ; Tu(c,s) ; Caucase, Iran(n).

CEPHALARIA sparcipilosa ✿ 178
speciosa 17

CERASTIUM boissieri 191
decalvans 194
tomentosum ✿ 120
tommasii 120

CHAMAECYTISUS hirsutus ✿ 16, 23, 124
proliferus 18, 32

CHARTOLEPIS cf. glastifolia 21, 170

CICER incisum ✿ 27,**162**

CICERBITA mulgedioides 17

CIRSIUM chrysacanthum 27, 61
dyris 42, 59
flavispinum 27

COCHLEARIA navasii 5

COLCHICUM triphyllum ✿ 78

COMPERIA comperiana 19, 118

CONVOLVULUS boissieri 22, 192
cantabricus L.Ma ; Al ; Hs(s,c) ; Sa ; Si ; It(c,s) ; Gr(n,s) ; Tu(n,s) ; Liban.

CORONILLA minima L. Ma ; Al ; Hs(c,s) ; It(c) ;

COTINUS coggygria Scop. It(c) ; Gr(n,s) ; Tu(n,ce) ; Liban ; Caucase.

COTONEASTER integerrimus Med. Hs(s) ; It(s) ; Gr(n).
nummularia ✿ 24, 149, 197
tomentosa Scop. Hs(c) ; Si ; It(c,s) ; Gr(n).

CREPIS pygmaea L. Hs(s).

CROCUS nevadensis ✿ 74

CUPRESSUS sempervirens 14, 21, 133, 136

CYCLAMEN creticum ✿ 21, 136

CYTISOPHYLLUM sessilifolium (L) OF. Lang. It(c,s).

CYTISUS balansae ssp. balansae 21, 22, **47**
reverchonii 16, 18, 191

DACTYLORHIZA fuschii (Druce) Soo It (c,s).

DAPHNE blagayana 18
laureola 80
oleoides ✿ 24, **150**
sericea 141

DEGENIA velebitica 14

DELPHINUIM albiflorum ✿ 173
balansae 53, 190

DENTARIA bulbifera 18

DESCURAINIA bourgeana ✿ 39

DIANTHUS balbisii subsp. volturninus 193
cintranus ssp. occidentalis ✿ 54
subacaulis Vill. Ma ; Al ; Hs(c,s).

DIGITALIS ferruginea ✿ 149
lanata 20, 138
lutea L (sensu lato) Ma .
micrantha 107
obscura 18, **81**, 191

DRABA dedeana 192
hispanica 93
hispida 26, 187
oreadum ✿ 55

DRACAENA draco 8

DRYOPTERIS villarii (Bell) Woyn. Hs(s) ; Sa ; Si ; It(s) ; Gr(s) ; Cr ; Tu(s).

DRYPIS spinosa 13, 14, 23, **119**

EBENUS cretica 140
macrophylla 24, 165, **171**

ECHINOSPARTUM boissieri 22
ibericum 22, 197

ECHIUM orientale 21
wildpretii ✿ 12, 21, **36**

EPIPACTIS atrorubens (Hoffm) Bess. Hs(s,c) ; It(c,s) ; Gr(n,s).

ERICA dominans 4

ERINACEA anthyllis 13, 22, **84,** 94

ERYNGIUM bourgatii ssp. hispanicum ✿ 51
variifolium 27, 191

ERYSIMUM scoparius ✿ 26, 38, 183
EUPHORBIA capitulata **131**
kotschiana 18, 24, **150**
oblongifolia 21
rigida ✿ 128
spinosa L. Sa ; It(s) ; Cr.
FAGUS orientalis 17
sylvatica L Hs(c) ; It(c,s) ; Si ; Gr(n).
FERULA linkii ✿ 37
FESTUCA indigesta ssp. aragonensis ✿ 22, 26, **102**
paniculata (L) Schinz et Th. (sensu lato) Ma ; Hs(c,s) ; It(c,s) ; Gr(n).
FRITILLARIA thessala ✿ 130
FOURRAEA alpina (L) Greuter. It(s).
GENISTA cinerea L. sensu lato : Al ; Hs(c,s).
hispanica L Hs(c).
pseudopilosa 21
pumila ✿ 89
GENTIANA atlantica 28
gelida ✿ 179
pyrenaica **188**
septemfida 26
verna L sensu lato : Ma ; Hs(s) ; Gr(n).
GERANIUM ibericum ssp. jubatum ✿ 184
macrorrhizum 17, **123**
psilostemon **180**, 184
reflexum 129
sylvaticum L. Hs(c) ; It(Cc,s) ; Gr(n) ; Tu(ne).
GLOBULARIA cordifolia L. sensu lato : Hs(c) ; It(c,s) ; Gr(n).
liouvillei 190
vulgaris ✿ 103
GRAMMOSCIADIUM pterocarpum 24, 197
GREENOWIA aurea ✿ 26, 40
GUNDELIA tourneforti ✿ 168, 197
GYPSOPHILA briquetiana ✿ 177
libanotica
HEDRAEANTHUS graminifolius ✿ 23, **113**
HEDYSARUM pannosum ✿ 169
HELIANTHEMUM appeninum (L) Miller : Ma ; al ; Hs(c,s) ; It(c,s) ; Sa ; Si ; Cr ; Gr(s).
oelandicum (L) DC. Sensu lato : It(c) ; Gr(n) ; Tu(n,ce).
pannosum ✿ 87
HELICHRYSUM plicatum ✿ 165, **177**
HELICTOTRICHON filifolium ✿ 24, 89
HELLEBORUS bocconei ✿ 108
cyclophyllus 17, 121
foetidus L. Hs(c,s) ; It(c,s).
vesicarius 19
HEPATICA nobilis Miller. Hs(c,s) ; It(c,s).
HERACLEUM sphondylium ssp. montanum ✿ 28, **63**
HIERACIUM prenanthoides Vill. It(c).
HYPERICUM ericoides **91**
hyssopifolium Chaix. Ma ; Hs(s) ; Gr(n) ; Tu(n,s,ce).
scabrum ✿ 174
HORMATOPHYLLA lapeyrousiana 94, 103
purpurea 26, 71
spinosa ✿ 22, **86**
IBERIS pruitii Tineo. Al ; Ma ; Hs(c,s) ; Sa ; Si ; It(s) ; Gr(s).
saxatilis L. Hs(c,s) ; It(c).
INULA helenium ssp. turcoracemosa ✿ 178
IRIS filifolia ✿ 83
sofarana 21
JANKAEA heldreichii 5, 12, 26
JASMINUM fruticans L. Al ; Ma ; Hs(s,c) ; Gr(n,s) ; Tu(n,s) ; Liban.
JUNIPERUS cedrus 20, 31
communis ssp. hemisphaericus 14, 18, 20, 137
ssp. alpina Clus. Hs(c,s) ; It(c,s) ; Gr(n) ; Tu (n).
drupacea 20
excelsa 14
foetidissima 20
phoenicea 20, **43**
sabina L. Hs(s,c) ; Tu(n,ne).
thurifera ✿ 14, **96**
JURINEA mollis ✿ 143
JURINELLA moschus ✿ 26, **157**
LABURNUM alpinum (Miller) Presl. It(c,s).
LAMIUM eriocephalum ✿ 162
garganicum L sensu lato : It(s,c) ; Sa ; si ; Gr(n,s) ; Tu(n,s,ce).
LASERPITIUM gallicum L sensu lato : Hs(c,s) ; Sa.
siler ssp. garganicus ✿ 112
LATHYRUS filiformis L. Ma ; Hs(c).
laevigata Waldst et Kit. Tu(n).
niger L. Ma ; Hs(c) ; It(s) ; Si ; Gr(n,s).
roseus ✿ 18, **181**
LAVANDULA angustifolia Miller. Hs(c) ; It(s) ; Gr(s).
lanata 22
LEUCANTHEMOPSIS atlantica 56
pallida 26
pectinata ✿ 12, **72**
LILIUM bulbiferum gpe ✿ 108

chalcedonicum 18
monadelphum 21

LINARIA aeruginosa **92**
lurida **60**
purpurea ✿ 116

LINUM capitatum ✿ 128
suffruticosum L. sensu lato : Al ; Ma ; Hs(s,c) ; It(c,s) ; Gr(n) ; Tu(n,ce).

LOMELOSIA crenata ✿ 27, **126**

LONICERA alpigena L. It(c,s) ; Gr(n,s).
arborea 19
etrusca Santi Ma ; Hs (s,c) ; It (c,s) ; Si ; Gr (n,s) ; Cr ; Cy ; Ty (s,n) ; Liban.
nummulariaefolia 17, 197
splendens 16

LUZULA atlantica 16

MARRUBIUM heterodon ✿ 161

MELITTIS melissophyllum 16

MICHAUXIA tchichatewii ✿ 27, **158**

MINUARTIA pseudosaxifraga ✿ 132

MONANTHES laxiflora ✿ 28, 41
niphophila 41

MORINA persica ✿ 20, 23, 24, 138

MYOSOTIS atlantica 58

NARDUS stricta L. 25. It (s) ; Si.

NEPETA amethystea 11
cilicica ✿ 160
mirei 11
nepetella L. Hs (s,c) ; Ma ; Al.
teydeana 26, 38, 189

OLYMPOSCIADIUM coespitosum 24

ONOBRYCHIS cornuta ✿ 21, **157**
montana DC. It (c).
saxatilis (L.) Lamk. Ma ; Hs (c).
stenorhiza 87
tenoreana 116

ONONIS aragonensis 192
atlantica ✿ 49
cristata Mill. Al ; Ma ; Hs (s,c) ; It (c).
fruticosa L. Al ; Ma ; Hs (s,c).
rotundifolia L. Hs (c,s).

ONOSMA bracteosa ✿ 151
fastigiata Br-Bl. *sensu lato* Hs (s,c).

ORIGANUM acutidens ✿ 170

ORMENIS scariosa 22, **46**

OSTRYA carpinifolia Scop. 15, 18. Sa ; It (c,s) ; Si ; Gr (n,s) ; Tu (n,s).

OXYTROPIS persica ✿ 156

PAEONIA coriacea 80
officinalis L. *sensu lato* Hs (c,s) ; Sa ; It (c,s) ; Gr (n).

PAPAVER atlanticum **52**
spicatum ✿ 148

PEDICULARIS cadmea **156**
comosa ✿ 117

PELARGONIUM endlicherianum **148**

PELTARIA emarginata 18, 23

PICEA orientalis 196

PHYSOSPERMUM aquilegifolium 18

PHYTEUMA charmelii Vill. Hs (s,c).

PHLOMIS lychnitis ✿ 82, 191

PINGUICULA vallisnerifolia 28

PINUS brutia 133
heldreichii/leucodermis 14, 110
nigra ssp. clusiana 18, 79
ssp. mauretanica 18
ssp. pallasiana ✿ 18, **135**
roxburghii 30
silvestris L. 14, 18. Hs (s,c) ; Gr (n) ; Tu (n,w).

PLANTAGO nivalis 28, **78**

PLATANTHERA chlorantha ✿ 118

PLATYCAPNOS saxicola 191

PODOCYTISUS caramanicus 194

POLYGALA balansae 26, 42, **58**, 190
major ✿ 126

POTENTILLA caulescens L. Al ; Ma ; Hs (s,c) ; Sa ; Si ; It (c,s).
cinerea Chaix (*sensu lato*) Hs (s,c).
speciosa ✿ 142

PRENANTHES glareosa 27

PRIMULA algida ✿ 186

PRUNUS prostrata 20, 23, 24, **137**

PTEROCEPHALUS depressus ✿ 44
lasiospermus 189
pinardii 13, 24, 44
spathulatus 192

PTILOSTEMON afer 19, **147**
dyricola 19
niveus ✿ **113**, 193
strictus 17, 109, 193

PUSCHKINIA scilloides 24

PYRUS amygdaliformis Vill. Sa ; Si ; It (s) ; Gr (n,s) ; Cr ; Tu (w,sw).
eleagnifolia 14, **167**

QUERCUS alnifolia 16
calliprinos 16
faginea ✿ 95
frainetto 17
ilex L.15, 16. Sa ; It (c,s) ; Gr (n,s) ; Tu (w).
libani 17, 197
macrantera 15, 17, **166**
persica 15
pubescens Lamk. Sa ; It

(s,c) ; Si ; Cr ; Gr (n,s) ; Tu (nw,sw).
pyrenaica 16, 65
rotundifolia 15, 17, 64, 190
trojana **122**

RANUNCULUS gpe. montanus Willd. Hs (s) ; It (s,c) ; Gr (n,s) ; Tu (ne,sw).

RESEDA complicata ✿ 73

RHAMNUS alpinus L. Ma ; Hs (s,c) ; Sa ; It (c,s) ; Gr (n).
myrtifolius ✿ 65
saxatilis Jacq. Hs (c,s) ; It (c,s) ; Si ; Gr (n).

RHODODENDRON caucasicum ✿ 21, 26, **187**
luteum 21

RIBES uva-crispa L. 191. Al ; Ma ; Hs (s,c) ; Sa ; It (c) ; Gr (n) ; Tu (n).

RINDERA lanata ✿ 175

ROSULARIA
haussknechtii 176
libanotica ✿ 158

SALVIA caespitosa 172
glutinosa L. It (s,c) ; Gr (n) ; Tu (n).
lavandulifolia ✿ 85
taraxacifolia 48, 190

SAPONARIA chlorifolia ✿ 151
ocymoides L. Hs (s,c) ; Sa ; It (c).

SARCOCAPNOS crassifolia ✿ 26, **75**

SATUREJA montana L. Hs (s,c) ; It (c,s) ; Gr (n) ; Tu (s).

SAXIFRAGA callosa Sm. Sa ; si ; It (c,s).
coesia L. It (c).
corbariensis 105
latepetiolata 192
marginata ✿ 143

SCABIOSA pseudograminifolia 172

SCLEROCHORTON gramineum 13

SCUTELLARIA orientalis ssp. pinnatifida ✿ 24, **164**

SCORZONERA coespitosa ✿ 53, 190
rigida 53
sericea 26

SEDUM sempervivoides ✿ 154
stoloniferum 15, 183
surculosum 62

SEMPERVIVUM davisii ✿ 26, **176**

SENECIO farfarifolia 195
rupestris 193
tenorei ✿ 115

SIDERITIS macrostachys **32**
phlomoides ✿ 152
syriaca **139**

SILENE auriculata 142
compacta ✿ 179
italica (L.) Pers. Al ; Ma ; Hs (s,c) ; Sa ; It (c,s) ; Si ; Cr ; Gr (n) ; Tu (n,w).

SISYMBRIUM austriacum Jacq. Hs (c,s) ; It (c,s).

SORBUS aria (L.) Crantz. Al ; Ma ; Hs (s) ; Sa ; Si ; It (s,c) ; Gr (n,s).
torminalis 18

SONCHUS acaulis ✿ 26, **34**
pinnatifidus 34, 190

SPARTISOCYTISUS supranubius 5, 12, 21, **35**, 189

STACHYS lavandulaefolia **153**
macrantha ✿ 185
saxicola 42, 190
tymphaea **112**

STAEHELINA uniflosculosa 18

STIPA nitens ✿ 50

TANACETUM cilicicum 18
corymbosum **134**
sorbifolium ✿ 18, 182

TELEKIA speciosa 27, **182**

TEUCRIUMbuxifolium 93
gnaphalodes ✿ 88
montanum L. It (s) ; Gr (n,s) ; Tu (w,s).
orientale 19, 147
pseudochamaepitys 67
rotundifolium 14
salviastrum 26

THALICTRUM tuberosum ✿ 97

THYMELAEA dioica (Gouan) All. Hs (s).

THYMUS baeticus 192
vulgaris ✿ 22, 100

TRIFOLIUMalpestre L. It (c,s) ; Gr (n) ; Tu (nw,ne).
humile ✿ 56
ochroleucum **122**

URGINEA maura **43**, 190

VACCINIUM arctostaphylos 21, 196

VELLA spinosa ✿ 19, **84**, 190

VERBASCUM arcturus ✿ 144
speciosum 194

VERONICA tauricola ✿ 159

VICIA alpestris ssp. hypoleuca ✿ 163
onobrychioides L. Al ; Ma ; Hs (s,c) ; It (c,s) ; Gr (n).

VIOLA biflora L. Hs (s) ; Gr (n).
calcarata ssp. subalpina 118
cazorlensis 27, **91**
cheilanthifolia 27
crassiuscula 27, 77
delphinantha 27
dyris ✿ 27, **60**

Table des matières

Avant-propos 3

I - Panorama des montagnes du bassin méditerranéen 5

II - Le climat de la haute montagne méditerranéenne 8

A. Généralités 8

B. L'étagement altitudinal de la végétation . . 9

III - La flore des montagnes mésogéennes, richesse et origines 10

IV - Les principaux types de végétation des montagnes mésogéennes 15

A. Les forêts d'altitude 15

1. Les forêts de feuillus 16

2. Les peuplements à conifères 18

B. Les peuplements préforestiers 20

1. Les junipéraies 20

2. Les boisements de cyprès 21

3. Les brousses à Rhododendrons 21

4. Les autres types : la limite de la végétation arborée 21

C. La végétation à chaméphytes 21

D. Les pelouses d'altitude 24

1. Les prairies à graminées 24

2. Les prairies mésophiles 24

E. La végétation de l'étage altiméditerranéen . . 25

F. Le peuplement des falaises et des éboulis . . 26

1. La végétation rupicole 26

2. La flore des éboulis 27

G. La végétation des lieux humides 27

1. Les mégaphorbiaies 27

2. Les prairies et les dépressions humides . . 28

3. Les ruisseaux, les torrents et les rochers suintants 28

V - Notices botaniques 29

Iles Canaries 30

Haut-Atlas marocain 42

Andalousie occidentale 64

Andalousie orientale 79

Sierras d'Espagne centrale et orientale . . . 94

Calabre et Campanie 106

Nord de la Grèce 121

Grèce du sud et Crète 133

Taurus turc 145

Anatolie centrale et orientale 165

Anatolie du Nord-Ouest 180

VI - Quelques hauts lieux de la botanique montagnarde autour de la Méditerranée 189

Itinéraire 1 189

Itinéraire 2 189

Itinéraire 3 190

Itinéraire 4 190

Itinéraire 5 192

Itinéraire 6 192

Itinéraire 7 193

Itinéraire 8 194

Itinéraire 9 196

Itinéraire 10 197

VII - Bibliographie choisie 198

Organismes de recherche 200

VIII - Index 201

CARTES

pages

Les montagnes du bassin méditerranéen 6-7

Quelques plantes dont la répartition est caractéristique dans le bassin méditerranéen 12-13

Les essences forestières 16-17

Achevé d'imprimer en avril 2000
Dépôt légal 2e trimestre 2000

Imprimé en C.E.E.